"너의 행복은 너의 생각에 달려 있다."

마르쿠스 아우렐리우스

고대 로마 황제가 전하는 내면의 성찰과 삶의 지혜

마르쿠스 아우렐리우스의 말

초역 명상록

사토 켄이치 엮음

로마 황제 마르쿠스 아우렐리우스와 『명상록』에 대하여

마르쿠스 아우렐리우스는 기원 2세기에 실존했던 로마 황제이다. 『명상록』은 그가 격무 속에서도 취침 전에 작성했던 '명상 기록 노트'이다. 그는 또한 고대 그리스에서 시작된 스토아 철학의 마지막 철학자로 여겨진다.

황제로서의 마르쿠스 아우렐리우스

마르쿠스 아우렐리우스 안토니누스(기원 121-180년)는 제16대 로마 황제로 '오현제'의 마지막에 위치하고 있다. 오현제란 네르바, 트라야누스, 하드리아누스, 안토니누스 피우스, 마르쿠스 아우렐리우스로 이어지는 5명의 황제를 말한다. 이들은 모두 내정에서는 선정을 펼쳤고, 외정에서도 지중해 제국으로서의 로마 제국의 전성기를 실현했다.

당시 로마 제국의 인구는 약 6천만 명 강(기원전 25년 시점)으로 추정된다. 마르쿠스 아우렐리우스 황제의 선대 황제인 하드리아누스 황제 시기에는 수도 로마의 인구가 100만명에 달했다. 최고 책임자로서 그 정점에 서 있는 것이 로마 황제였다. 황제의 직무가 얼마나 중책이었는지를 이해할 수 있을 것이다.

　로마 시민들에게 최고의 오락이었던 검투사(글래디에이터)의 경기는 황제로서 관람하는 것이 의무였지만, 그 중에도 미결 서류를 읽고 있어 시민들에게 웃음을 샀다고 한다. 그만큼 그는 진지하고 열심히 일했던 것으로 보인다. 그러나 오현제의 마지막 황제가 된 마르쿠스 아우렐리우스가 39세에 즉위했을 때, 이미 로마 제국은 전성기를 지나 쇠퇴의 그림자가 보이기 시작했다. 홍수와 대지진 등의 잇따른 자연재해, 전장에서 병사들이 가져온 전염병의 유행(천연두로 추정됨), 동방에서는 대국 파르티아 왕국과의 전쟁, 북방에서의 야만족 게르만인의 침입, 그리고 시리아 속주에서는 신뢰했던 장군의 반란 등 다양한 문제가 몰려들었다.

　차례로 몰려오는 문제 해결에 분주하며, 아침부터 밤까지 격무에 시달렸던 마르쿠스 아우렐리우스는 제국을 북방에서 위협하는 게르만인과의 전투에 관해서는, 편안한 로마에서 원격 조종하고 있던 것이 아니었다. 사실 철학자가 되고 싶었던 마르쿠스 아우렐리우스는 평화 애호가였음에도 불구하고, 50대가 된 말년에 10년의 대다수를 전장에서 보냈다. 그 자신이 군대를 지휘하는 것은 아니지만, 최고 책임자가 '현장'에 있는 것이 장병의 사기 진작으로 이어진다고 확신했기 때문이다. 그러한 점에서도 성실하고 진지한 성격이

드러난다고 할 수 있다.

　전선에 설치된 도나우 강변의 진중에서 계속 써내려간 것이 『명상록』이다. 그러나 혹독한 환경에서의 격무로 신경이 쇠약해지고, 식사도 부진했던 그는 도나우 강변의 진중에서 병사했다. 향년 59세였다.

　영화화되어 히트한 『테르마에 로마에』의 원작은 야마자키 마리의 만화 작품(2008-2013년)인데, 철학에 마음을 빼앗긴 청년 시절의 마르쿠스 아우렐리우스가 등장한다. 아직 수염을 기르지 않은, 눈이 맑은 젊은 청년으로, 주인공 루시우스(허구의 인물)와 관계를 맺는 설정이다. 시대 배경은 마르쿠스 아우렐리우스를 후계자로 삼았던 하드리아누스 황제의 치세이다. 할리우드 영화 『글래디에이터』(미국, 2000년 제작 공개)에는 리처드 해리스가 연기하는 말년의 마르쿠스 아우렐리우스가, 원정지의 전장에서 기름 램프의 불빛을 의지해 명상하며, 『명상록』을 집필하는 장면이 있다.

　『테르마에 로마에』도 『글래디에이터』도 모두 허구이며, 사실 관계는 크게 각색되어 있지만, 마르쿠스 아우렐리우스의 인물을 영상이나 그림을 통해 느끼는 데에는 참고가 될 것이다.

『명상록』의 저자로서의 마르쿠스 아우렐리우스
　『명상록』의 원문은 그리스어로 작성되었다. 원제 '타 에

이스 헤아우톤'은 '그 자신을 위해'라는 의미이다. 사람들에게 읽히기 위해서가 아니라 어디까지나 자신을 위해 계속 쓴 '명상 기록 노트'이다. 독자를 전혀 고려하지 않은 사적인 문서이다. 게다가 이 그리스어 제목조차 자신이 붙인 것인지도 불명확하다. 전체 12권의 구성 자체도 언제 그렇게 되었는지 불명확하다. 애초에 왜 이 기록 노트가 폐기되지 않고 필사되어 전승되었는지도 정확히 알 수 없다.

당시 로마 제국의 지배층은 그 지배 하에 들어간 발칸반도의 그리스를 교양의 원천으로 여겼고, 그리스어는 교양 언어로 자리 잡았습니다. 이는 19세기까지 동아시아 사람들에게 한문이 갖는 의미와 비슷하다고 할 수 있습니다. 마르쿠스 아우렐리우스 자신도 어린 시절부터 모국어인 라틴어 외에 그리스인 교사들에게 그리스어로 다양한 교육을 받았습니다.

어느 의미에서는, 마르쿠스 아우렐리우스는 낮에는 라틴어 세계, 밤에는 그리스어라는 '두 개의 세계'에 살았다고 할 수 있다. 전자는 '역할'로서 연기했던 로마 황제의 공무에서 사용했던 라틴어, 후자는 '은신처'이자 '진정한 자신'의 세계로 여겼던 그리스어이다. 철학이 태어난 곳은 고대 그리스였으며, 철학 용어를 사용하기에는 그리스어가 편리했다는 것도 있다. 그는 다른 두 개의 세계를 오갔다.

한국에서는 『명상록』이라는 제목이 정착되었으며, 영어

권에서는 『Meditations』라는 제목으로 널리 퍼져 있다. '메디테이션'은 '명상'을 의미한다. 바로 그렇다. 마르쿠스 아우렐리우스는 아침과 저녁의 명상 속에서 자성하고, 취침 전의 명상으로 자신과의 대화를 메모로 남겼다. 문중에서 '너'라는 호칭은 '자신의 분신'이 '자신'에게 부르는 호칭이지만, '이상'을 추구했던 청년 마르쿠스 아우렐리우스가 '현실' 속에서 고민하는 중년 마르쿠스 아우렐리우스를 질책하는 것이라고 생각해도 좋을 것이다.

게다가 명상을 할 뿐만 아니라, 글로 '쓰는' 것이 중요했다. 이는 마르쿠스 아우렐리우스 뿐만 아니라, 이전의 에픽테투스나 세네카 같은 스토아 철학자들에게도 공통된 것이며, '쓰기'는 '정신 수련'으로 행해졌다. '쓰기'는 아웃풋이며, 그 의미에 대해서는 나중에 다시 언급하고자 한다.

친숙한 내용
철학이라고 하면 거부감을 가질 수 있는 사람에게도, 스토아 철학은 받아들이기 쉬울 것이라고 생각한다. 왜냐하면 실제로 읽어보면 알 수 있겠지만, 한국인에게도 친숙한 내용이 담겨 있기 때문이다.

'모든 것은 순간마다 변화하고 있다는 것' (무상)이나, '모든 것이 연결되어 있다는 것' (연기)을 강조한 부처의 사상과도 통하는 점이 있으며, '지금, 여기'에 집중해야 한다고 가르치는 선불교나 상좌불교가 루츠인 '마인드풀니스'를 연상시키는 점이 있다. 노자와 장자 등의 노장사상이 설파하는 '도'(도)에 통하는 자연관도 있다. 게다가 21세기의 현재에도 통하는 우주관이 있다.

마르쿠스 아우렐리우스의 시대는 기독교가 공인되기 이전의 시대이다. 『명상록』에는 기독교의 영향은 전혀 없다. 즉, 스토아 철학은 기독교가 받아들여지기 이전의 '실천 철학'이었다. 그러나 그럼에도 불구하고 서구 기독교 세계에서 받아들여진 것은, 스토아 철학의 '실천 철학'이 기독교인들에게도 유용하다고 여겨졌기 때문일 것이다.

혼란스러운 시대에 방황하는 자들의 지침이 되는 '실천 철학'

서구 세계에서는, 『명상록』은 필사를 통해, 소박하지만 계속 읽혀져 왔다. 그러나 본격적으로 주목받기 시작한 것은, 16세기 중반에 활자로 인쇄된 이후의 일이다. 격동기인 17세기에는, '신 스토아주의'로서 『명상록』을 포함한 스토아 철학이 부흥했다.

열렬한 애독자로서는, 17세기 스웨덴의 크리스티나 여왕과, 18세기 프로이센의 프리드리히 2세를 꼽을 수 있다. 크리스티나 여왕은, 프랑스의 철학자 데카르트를 스웨덴에 초청한 것으로도 알려져 있지만, 플라톤이 설파한 '철인 왕'을 이상으로 삼았다. '베스트팔렌 조약'(1648년)의 체결을 촉진시켜, 기독교도들끼리 피를 나누는 '종교 전쟁'을 끝내는 데 큰 공헌을 했다. 계몽 전제군주이자, 군사 천재였던 프리드리히

대왕은, 『명상록』을 자신의 애마의 안장 주머니에 넣고, 전장에 항상 지참했다고 한다.

19세기 산업혁명 이후 욕망이 넘치는 시대에는, 마르쿠스 아우렐리우스뿐만 아니라, 스토아 철학 전체의 인기는 저조했지만, 세계가 격동기에 접어든 1970년대 이후, 다시 열렬히 읽히기 시작했다. 스토아 철학의 실천 철학이, 혼란스러운 상황에 살아가는 방황하는 자들의 지침이 될 수 있음을 재발견했기 때문이다.

그 중에서도 유명한 애독자로는, 남아프리카 공화국의 넬슨 만델라 전 대통령과, 미국의 빌 클린턴 전 대통령, 트럼프 정부의 국방장관이었던 매티스 해병대 퇴역 대장 등을 꼽을 수 있다. 그들의 행적을 보면, 『명상록』이 어떻게 영향을 미쳤는지 잘 이해할 수 있을 것이다.

남아프리카 공화국에서 인종차별 아파르트헤이트와 싸우고 투옥되었던 만델라는, 감옥에서 『명상록』을 반복해 정독했다고 한다. 27년간의 감옥 생활에서 풀려난 후 남아프리카 공화국의 대통령으로 선출되었을 때는, 분노가 아니라 화해가 중요하다는 것을 이해하고, 인종 간의 벽을 넘은 국민 화해에 힘썼다. 클린턴 전 대통령은, 대통령 퇴임 후 매년 1회는 반드시 다시 읽는다고 인터뷰에서 말했다. 매티스 미국 해병대 퇴역 대장은 '미친 개'나 '싸우는 수도사'라는 별명을 가진 사람인데, 페르시아 만, 이라크, 아프가니스탄에서의 임무 중에는 항상 지참했다고 한다.

현재 미국에서는, 베스트셀러 작가이자 미디어 전략가인 라이언 홀리데이에 의해, 스토아 철학의 대중화와 보급이 활발히 이루어지고 있으며, 실리콘밸리의 기업가들과 운동선수들 사이에서 스토아 철학에 심취한 사람들이 늘어나고 있다. 다른 사람에게 휘둘리지 않고 자신에게 전념하며, 목표를 향해 자기 통제를 하는 마인드셋을 형성하는 데 스토아 철학이 큰 도움이 되기 때문이다. 그것이 진정한 의미에서 스토이시즘(스토아 철학적) 삶이다.

'쓰기 연습'은 '치료'이기도 하다

『명상록』은 '쓰기'라는 '정신 수련'으로서 실천된 것이다. 취침 전 명상에서 하루를 되돌아보고, 마음속의 생각에 대해 자문자답하고, 마지막으로 결론으로서 자신을 채찍질하고 격려하는 말을 쓴다. 이 과정이 자기 치료에도 되고 있음을 본문을 숙독하면 이해할 수 있을 것이다.

말로 하든, 일기로 쓰든, 어떤 형태로든 내면의 생각을 표출하는 것은 디톡스이며, 정신위생상 좋은 일임은 말할 것도 없다. 그리고 자문자답과 결의 표명의 내용을 다 쓰고 나면 안심하고 잠들며, 다음 날 아침에 눈을 뜨면 다시 활력에 넘친 상태로 일에 전념한다. 마르쿠스 아우렐리우스도 그러한 날들을 반복하여 보냈던 생생한 인간이었다.

같은 내용이 반복되는 이유

본문을 읽다 보면 눈치챌 수 있겠지만, 비슷한 내용이 표현을 달리하여 여러 번 반복된다. 같은 내용이 많다는 것은 그때마다 결의를 했음에도 불구하고 다시 다짐해야 했음을 의미한다. 너무 엄격한 내용이라고 생각하는 독자도 적지 않을 것이다. 그러나 결의 표명을 했음에도 불구하고 현실 생활에서는 실현하지 못한 것이 많았을 것이다.

마르쿠스 아우렐리우스 사후, 제위를 이어받은 장남 코모두스 황제가 폭군이 되어버린 것은, 그의 누이, 즉 마르쿠스 아우렐리우스의 친딸에 의한 암살 미수 사건에 큰 충격을 받았기 때문이라고 한다. 자기 자식들조차 자신의 뜻대로 되지 않는 것이 인간의 성격이며, 마르쿠스 아우렐리우스 자신도 그 예외는 아니었다.

즉, 마르쿠스 아우렐리우스는 '철인 황제'였지만, 결코 성인군자가 아니었다. 생생한 인간이었다. 그렇기 때문에 이 책은 성인의 가르침으로 읽어서는 안 된다. 생생한 인간이었던 마르쿠스 아우렐리우스의 육성을 듣기를 바란다. 약 2000년의 시간과 공간을 넘어, 현대를 살아가는 인간에게도 울림이 있을 것이다.

편집 및 번역 방침

이 에센셜 버전에서는, 전체 487장의 길고 짧은 다양한 문장에서, 현대를 살아가는 사람에게 의미가 있다고 생각되는 180장을 엄선하여 번역하였다. 의미가 잘 전달되도록 원문에 없는 표현을 보완하고, 삭제한 부분도 있다. 번역에 있어서는 영어 번역에 많은 도움을 받았다.

선택한 문장에 대해서는 가능하면 전 문장을 수록하려고
했다. 앞서 보았듯이, 『명상록』의 스타일은 결론이 먼저 나오
는 것이 아니기 때문이다. 대신, 원문에 없는 '소제목'을 내용
요약으로 붙여, 내용을 재배열하였다.

가능하면, 여러분도 '쓰기 연습'을 해보길 바란다. 아웃풋
을 통해 자신의 생각이 정리되고 진정될 뿐만 아니라, 다시
내일을 위한 활력이 생길 것이다. '인생은 짧고, 언제 죽을지
모른다'. 그렇기 때문에, 과거도 미래도 아닌, '지금 이 순간'
을 사는 기분이 들 것이다. 그것이 이 책 전체를 관통하는 메
시지이기도 하다.

그럼, 이제 마르쿠스 아우렐리우스 자신의 말을 읽어보자.
어느 페이지든 좋다, 펼친 페이지를 읽어보자. 그리고 자문
자답해보자. '너'라는 호칭이, 독자인 '당신'에게 향한 호칭으
로 느껴질 때까지.

2024년 11월 사토 켄이치

본 책은 2019년 4월에 출간된 '초역 명상록 더 잘 살기'를 가필·수정하여 에센셜 버전으로 재편집한 것이다.

목차

IV. 편견을 버려라 | 77

결점이 있는 사람도 나와 같은 인간이다 | 한계를 넘어서까지 휴식할 필요는 없다 | 죽음과 삶은 선도 악도 아니다 | 생각을 버리면 불평도 사라진다 | 생각을 지워버리면 평온해진다 | 고통이라고 생각하기 때문에 고통이 된다 | 선악의 판단은 행동으로 드러난다 | 고통에 머물지 말고 행동하라 | 생각은 자신에게 달려 있다 | 자신의 힘으로 똑바로 서라 | 장애물을 연료로 삼아 불타올라라 | 정의를 실현하기 위해서는 인내가 필요하다 | 어떤 일도 올바르게 행하라 | 의견을 바꾸기 위한 규칙이 필요하다 | 목표를 향해 오로지 달려라 | "이것이 정말 필요한가?"라고 자문하라 | 주어진 역할에 만족하라 | 폭군도 노예도 되지 말라 | 시간을 들일 가치가 있는지 대상에 따라 결정하라 | 진지한 노력을 기울여야 할 것 | 더 단순하고 선량하게 살아라 | 쾌락에 무관심한 태도를 가지기 위한 마음가짐 |

V. 도움을 청하라 | 101

친절에 대한 보답을 기대하지 마라 | 실패하면 다시 돌아오면 된다 | 무지와 자만은 강하다 | 감사하는 마음으로 되돌아보라 | 인상만으로 판단하지 마라 | 의심이나 증오 없이 자세를 취하라 | 화를 내는 사람에게 휘둘리지 마라 | 주어진 환경에 적응하라 | 자신의 선악 기준을 타인에게 적용하지 마라 | 방해받으면 방향을 전환하면 된다 | 사회와 개인은 분리될 수 없다 | 대화의 내용과 행동의 의미를 잘 생각하라 | 목적을 달성하기 위해서라면 다른 사람의 도움도 받아라 | 도움을 받는 것은 부끄러운 일이 아니다 | 없는 것을 요구하지 마라 | 처세술은 레슬링과 비슷하다 | 다른 사람에게 도움이 되는 것이 자신에게도 이익이 된다 | 행동할 때 자문해야 할 것 | 태도와 눈빛에 모든 것이 드러난다 | 진정한 친절은 무적이다 | 하지 말아야 할 일과 말하지 말아야 할 것

VI. 다른 사람에게 휘둘리지 마라 | 125

다른 사람에게 휘둘리지 말라 | 스스로 생각하라 | 다른 사람의 일로 걱정하지 마라 | 주의를 분산시키는 것을 멈춰라 | 자신의 마음속 움직임에 주의를 기울여라 | 자신의 일을 사랑하는 것은 자연스러운 일이다 | 자신의 길을 곧게 걸어라 | 본래의 리듬을 되찾아라 | 신념을 되살려라 | 누가 뭐라고 하든 나는 나다 | 자신에게만 주의를 기울여라 | 다른 사람의 비난을 신경 쓰지 마라 | 자신의 판단을 가볍게 여기지 말라 | 그런 사람이라고 받아들이자 | 본인에게 깨닫게 해주면 된다 | 자기 통제가 중요하다 | 다른 사람의 실수를 용서하라 | 분노의 표정은 자연에 반한다 | 비슷한 사람이라고 생각하면 분노도 가라앉는다 | 상상력이 고통을 증대시킨다 | 분노의 원인을 제거해 주어라 | 통제할 수 있는 것과 통제할 수 없는 것 | 화를 내는 것은 약함의 표시다 |

VII. 매일을 인생의 마지막 날처럼 살아라 | 151

결연한 자세로 서 있어라 | 불운을 기품 있게 견뎌내는 것은 행운이다 | 최단 코스를 달려라 | 최고의 복수란 | 지금 살아 있는 사람을 칭송하라 | 인간이 할 수 있는 일은 나도 할 수 있다 | 진실을 추구해도 손해는 없다 | 눈을 떠서 현실을 직시하라 | 원리와 원칙에 고수하라 | 행복은 자신의 행동에 있다 | 열중하는 내용에 따라 인간의 가치가 결정된다 | 잘못을 저지른 사람도 같은 인간이다 | 육체도 안정되어야 한다 | 어떤 상황에서도 냉정을 유지하라 | 매일을 인생의 마지막 날처럼 살아라 | 정신적 여유가 중요하다 | 쾌락은 유익하지도 선하지도 않다 | 너는 무엇을 위해 태어났는가? | 오늘 할 수 있는 일을 미루지 마라 |

VIII. 자신의 길을 똑바로 나아가라 | 173

자신의 인생을 만드는 데 방해물은 없다 | 집착하지 말고 과감히 놓아 주어라 | 남이 싫어하는 것은 자신에게도 하지 마라 | 다른 사람에게 친절을 베푸는 것은 기쁨이다 | 나쁜 행위는 자신에 대한 불의이다 | 실수한 사람에게 관대하라 | 어떤 일에도 흔들리지 않는 마음을 가져라 | 인간의 한계를 넘어서기 위해 신들에게 기도하라 | 아무도 너의 정신에 해를 끼칠 수 없다 | 은혜를 모르는 사람을 탓하기 전에 자신을 돌아보라 | 인간은 견딜 수 있도록 태어났다 | 좋은 평판을 저버리지 말라 | 자신감을 가지고 자연스럽게 임하라 | 자신의 길을 똑바로 나아가라 | 쓸데없는 말 대신 실천하라 | 모든 장애를 활용하라 | 왜 나는 이것을 하는가? | 사회를 위한 일 자체가 보상이다 | 같은 나무에서 자랐어도, 원칙은 달라도 괜찮다 | 마음속에 불만을 품지 말라 | 나쁜 일을 하는 사람을 무시하지 말라 | 인생의 목적을 명확히 하라 | 자신이 서투른 일도 익숙해지도록 하라 | 마지막 순간까지 빛나도록 하라 | 전심 전력으로 정의를 행하라 |

IX. 죽음을 생각하라 | 201

명성은 허무하다 | 죽음 후의 명성은 무의미하다 | 죽으면 이름조차 남지 않는다 | 순식간에 잊혀질 것이다 | 명성은 바닷가의 모래성 같은 것이다 | 현재를 자신에게 선물하라 | 우리를 이끄는 것은 철학뿐이다 | 인생은 짧다 | 죽음을 두려워하는 것은 아이들뿐이다 | 언제 죽어도 큰 차이는 없다 | 생명 있는 자는 결국 죽는다 | 인생을 만족하며 마무리하라 | 죽음도 인생의 하나의 행위다 | 죽음을 환영하라 | 죽음과 화해하라 | 죽음은 인생의 이행기와 같다 | 모든 것은 소멸한다 | 죽음도 자연에 맞는 일이다 | 수명을 다하는 것은 나쁜 일이 아니다 | 몇 년을 살아도 백 년을 살아도 본질은 같다 |

( ) 안의 숫자는 권과 장을 나타냅니다. 예: (4-1)은 (제4권 제1장)을 의미합니다.

I. 지금을 살아라

Meditations

시간은 지나가고
다시는 돌아오지 않는다

생각해 보라. 너는 도대체 얼마나 오랫동안 일을 미루어 왔는가? 여러 번의 기회를 받았음에도 불구하고, 그것을 제대로 활용하지 못한 적은 없었는가? 이제는 깨달아야 한다. 네가 속한 세상이 어떤 모습이며, 너를 창조한 힘이 무엇인지 말이다.

그리고 너에게 주어진 시간은 한정되어 있다. 이 귀한 시간을 사용해 마음을 흐리게 하는 불필요한 걱정을 걷어내고, 내면의 밝음을 되찾아야 한다. 그렇지 않으면, 시간은 지나가고 다시는 돌아오지 않을 것이다.

(2-4)

인생의 마지막 일처럼 임하라

언제나 지금 눈앞에 있는 일에 정확하고 진실된 태도로 임하라. 친절하고 자발적으로, 정의롭고 성실하게 행동하라. 다른 것에 주의를 빼앗기지 말고, 마치 인생의 마지막 순간인 것처럼 최선을 다하라. 무의미한 행동이나 감정적 반응, 위선적 태도, 이기적인 욕심, 화를 내며 대응하는 행동은 삼가라.

충실하고 겸손한 삶을 사는 데 필요한 것은 사실 아주 적다. 신들도 이 이상을 요구하지 않는다.

(2-5)

잃어버리는 것은
현재 이 순간뿐이다

네가 삼천 년을 살든, 아니 삼만 년을 살든 반드시 기억해야한다. 네가 살아가고 있는 이 인생 외에는 잃을 것이 없으며, 지금 지나가고 있는 이 순간 외에 살아갈 시간도 없다는 사실을 말이다. 장수하든 단명하든 그것은 결국 똑같다.

그리고 지금 이 '현재'라는 시간은 누구에게나 동일하게 주어진다. 따라서 그것을 잃는 것도 모두에게 똑같이 다가오는 일이다. 우리가 잃어버릴 수 있는 것은 오직 이 순간뿐이다. 그러니 과거를 잃을 수도, 미래를 잃을 수도 없다.

도대체 자신이 가지고 있지 않은 것을 어떻게 잃을 수 있겠는가?

(2-14)

지금, 이 현재라는
순간만이 중요하다

지금 이 순간만이 우리가 진정으로 살아가는 시간이다. 그 외의 것은 이미 잊혀진 과거나 아직 오지 않은 불확실한 미래일 뿐이다. 이 사실을 굳게 붙잡고, 현재에 집중하라. 이미 지나가버린 과거나 오지 않은 미래에 집착하지 말라.

모든 사람에게 인생은 짧으며, 우리가 살고 있는 이 세계도 그저 광대한 우주의 한 조각에 불과하다. 사후에 남겨지는 명성이라는 것도, 사실은 자신조차 모르는 불쌍한 사람들이 차례차례로 전해주는 이야기일 뿐이다.

(3-10)

시간은 흐르는 강물과 같다

시간은 마치 끊임없이 흐르는 강물과도 같다. 차례로 떠오르는 것들은 물결처럼 흐르고 사라진다. 어떤 것이 눈앞에 나타나는 순간, 이미 그 자리를 떠나며 지나가 버린다. 그리고 또 다른 것이 모습을 드러내지만, 그것 역시 곧 흘러가고 만다. 모든 것은 끝없이 이어지는 흐름 속에서 존재한다.

(4-43)

모든 것은
한순간의 사건에 불과하다

다음과 같은 생각을 반복해 보라. 지금 눈앞에서 벌어지는 일들도, 앞으로 일어날 일들도 모두 순식간에 지나가고 사라져 버린다. 이 세상에 존재하는 모든 것은 끊임없이 흐르는 강물과 같으며, 그 움직임은 끊임없는 변화 속에 있다. 그 과정에서 수많은 원인들이 얽히고 변하며, 고정된 상태로 남아 있는 것은 거의 없다.

우리의 곁에는 과거와 미래라는 무한한 심연이 펼쳐져 있다. 그 속에서 모든 것들은 결국 삼켜지고 사라질 운명이다.

그렇다면 한순간의 사건에 불과한 이런 일들로 인해 스스로 자랑스러워하거나 괴로워하며, 비참해지는 것이 얼마나 어리석은 일인가. 인생의 모든 사건은 그저 흘러가는 시간 속에서 잠깐 머물다 사라질 뿐이다.

(5-23)

Meditations

이 순간은
순식간에 과거가 된다

급히 태어나는 것도 있으며, 급히 사라지는 것도 있다. 태어나고 있는 것조차도 그 일부는 이미 소멸하고 있다. 끊임없이 흐르는 시간의 흐름 속에서, 시대는 끊임없이 갱신되고, 움직임과 변화 역시 세상을 계속해서 새롭게 만들어 나간다.

멈추지 않는 이 흐름 속에서, 확실한 발판 없이 우리는 무엇을 중시해야 할까? 그것은 마치 날아가는 참새 떼 중 한 마리에 마음을 빼앗긴 사람과 같다. 마음을 빼앗긴 순간, 그 참새는 이미 시야에서 사라지고 만다.

(6-15)

현재만을 통제할 수 있다

나는 작은 육체와 영혼으로 이루어져 있다. 이 작은 육체에는 모든 것이 무의미하다. 왜냐하면 육체 자체는 차이를 인식하지 못하기 때문이다. 그러나 정신은 다르다. 정신에게는 정신과 관련된 활동만이 의미를 가지며, 그것이 정신의 영역에 속하는 한, 어떤 일이든 정신에 의해 통제될 수 있다.

그리고 현재에 관한 것만이 중요하다. 미래나 과거의 활동은 이미 지나갔거나 아직 오지 않은 것이기 때문에, 정신이 통제할 수 있는 것은 오직 현재의 활동뿐이다. 따라서 지금 이 순간의 정신적 활동이야말로 진정한 의미를 가진다.

(6-32)

마음을 어지럽히지 말라

지금까지 살아온 삶과 앞으로 남은 생애를 떠올리며 마음을
어지럽히지 말라. 다가올 수많은 어려움을 미리 걱정하는 것
도 멈춰야 한다.

하지만 어려움에 직면했을 때는 언제든 이렇게 자문해 보
라. "이 일이 정말로 견디기 어려운 이유가 무엇인가?"라고. 그
런 생각을 인정하는 것이 부끄러운 일임에 틀림없다.

그리고 이렇게 다시 생각하라. "과거도 미래도 아닌, 지금 이
순간만이 나를 압박할 뿐이다. 그러나 그 압박조차도 그것만
떼어놓고 보면 사소한 것에 지나지 않는다. 그런 하찮은 일조
차 감당하지 못한다면, 나는 내 마음을 다잡고 스스로를 꾸짖
어야 하지 않겠는가?"라고.

(8-36)

인간의 일생은 그저 한순간이다

너는 너의 마음을 괴롭히는 수많은 불필요한 생각들을 제거할 수 있다. 왜냐하면 그러한 것들은 모두 너의 생각에서 비롯된 것이기 때문이다.

그리고 너 자신을 위해 넓고 광대한 내면의 공간을 확보하려면 이렇게 해보라. 먼저, 생각으로 온 우주를 품고, 영원의 시간을 숙고하라. 모든 변화가 얼마나 빠르게 일어나는지, 네가 태어나서 죽을 때까지의 시간이 얼마나 짧은지, 그리고 태어나기 전과 죽은 후의 무한한 시간과 공간이 동일하다는 사실을 관찰하라.

(9-32)

<u>Meditations</u>

형체 있는 것과 기억은
모두 사라져간다

형체 있는 것들과 그것에 얽힌 기억, 이 세상에 존재하는 모든 것은 순식간에 시공간 속으로 사라져버린다. 오감으로 감지할 수 있는 모든 것들, 특히 우리를 유혹으로 끌어당기고 고통으로 겁주며 자부심으로 부풀게 만드는 것들조차 한순간에 사라진다.

이러한 것들이 얼마나 어리석고 경멸할 만하며, 더럽고 쉽게 부패할 수 있는 것들인지 지성의 힘으로 명확히 깨달을 수 있을 것이다.

(2-12)

현재 존재하는 것이
미래의 씨앗이 된다

　모든 것은 변화에 의해 생겨난다는 점을 끊임없이 관찰하라. 자연이 가장 사랑하는 것은 현재 존재하는 것을 변화시켜 그것과 유사한 새로운 것을 만들어내는 것이다.

　현재 존재하는 모든 것은 앞으로 생겨날 것의 씨앗이다. 그러나 너는 단지 땅에 심거나 모태에 뿌려지는 것들만을 씨앗으로 여기고 있는 것은 아닌가? 이는 정말로 얕은 생각이 아니겠는가? 더 깊이 생각하여, 변화의 본질을 통찰해야 한다.

(4-36)

변화하지 않는 것은
쓸모가 없다

누가 변화를 두려워하는가? 변화 없이 도대체 무엇이 일어날 수 있겠는가? 우주의 자연 속에서 변화만큼 본질적이고 적합한 것은 또 없을 것이다.

연료인 장작이 변하지 않는다면, 목욕을 할 수 없을 것이며, 음식이 변화하지 않는다면 우리 몸에 영양을 공급할 수도 없을 것이다. 이처럼 모든 것들은 변화가 있어야만 자신의 역할을 다할 수 있고, 변화가 없다면 아무런 쓸모도 없게 된다.

그러므로 너 자신도 변화를 두려워하지 말아야 한다. 변화는 우주의 자연이 요구하는 것이며, 이는 너를 포함한 모든 존재가 받아들여야 할 필수적인 본질임을 명심하라.

(7-18)

완전히 새로운 것은
아무것도 없다

악이란 무엇인가? 그것은 네가 이미 여러 번 보아온 것들이다.

모든 일에 대해 "이것은 내가 익히 보아온 것이다"라고 자신에게 상기시켜야 한다. 위를 보아도 아래를 보아도, 어느 방향을 보든 마찬가지다. 고대에서 중세를 거쳐 현재에 이르기까지 역사는 그러한 사례들로 가득 차 있다.

지금도 다르지 않다. 도시 안에서도, 집 안에서도, 네가 보는 일들은 모두 동일하다. 완전히 새로운 것은 하나도 없으며, 모든 것은 이미 익숙한 것이자, 단지 잠깐 동안 지속될 뿐이다.

(7-1)

과거를 알면 미래를
예측할 수 있다

과거를 되돌아보고 깊이 생각해 보라. 여러 왕조의 흥망성
쇠가 어떻게 반복되었는지를. 그리고 미래를 예측해보라. 왜
냐하면 모든 일은 지금과 본질적으로 동일한 형태로 미래에도
나타날 것이며, 세상의 변화가 일정한 리듬을 벗어나지 않기
때문이다.

그렇다면 40년 동안 인간의 삶을 관찰했다면 충분한 것이
다. 10,000년을 관찰한다고 해도 별반 다르지 않을 것이다. 이
이상 도대체 무엇을 더 보겠는가?

(7-49)

각각 다른 방식으로
협동하고 있다

우리는 모두 같은 목표를 향해 협동하고 있다. 이 사실을 자각하는 사람도 있지만, 그렇지 않은 사람도 있다. 헤라클레이토스가 말했듯, "잠자는 사람도 일하고 있다." 우리 모두는 우주에서 일어나는 일의 작업자이자 협동자이기 때문이다.

하지만 사람마다 각기 다른 방식으로 협동하고 있다. 어떤 사람들은 사건을 비난하거나 반대하며 방해하려고 하지만, 그들도 무의식적으로 우주의 질서에 크게 기여하고 있다. 왜냐하면 우주는 그런 사람들의 역할조차도 필요로 하기 때문이다.

태양이 비의 역할을 할 수 있을까? 의술의 신 아스클레피오스가 농경의 신 데메테르의 역할을 대신할 수 있을까? 밤하늘의 수많은 별들이 각각 다른 모습을 하고 있지만, 모두가 공통의 목표를 향해 협동하고 있지 않은가?

(6-43)

---

* 헤라클레이토스: "만물은 유전한다"라는 문구로 유명한 고대 그리스 철학자

우주에서는 모든 것이
연결되어 있다

우주에 존재하는 모든 것은 서로 연결되어 있고, 깊이 관련
되어 있다. 이 점에 대해 자주 생각해 보라. 어떤 의미에서는
모든 존재가 서로 얽혀 있으며, 본질적으로 우호적인 관계를
이루고 있기 때문이다.

우주에는 팽창과 수축이라는 상반된 운동 사이에서 긴장 관
계가 존재한다. 또한 다양한 공명 현상이 나타나며, 모든 실체
는 하나로 통합되어 있다. 이러한 통합 속에서 순차적으로 사
건과 변화가 일어나고 있다.

(6-38)

인생은 짧지만
세대 교체로 이어진다

진리라는 원칙이 깊이 스며든 사람은, 다음의 짧은 구절만
으로도 슬픔과 두려움에서 자유로워질 수 있을 것이다.

"바람이 불어 땅에 떨어진 나뭇잎처럼, 인간 세상도 비슷하
다."(호메로스)

나뭇잎은 너의 자녀들일 수도 있고, 너를 칭송하며 찬사를
보내는 사람들이나, 반대로 저주하고 비난하며 조롱하는 사람
들을 뜻하기도 한다. 혹은 어떤 사람의 명성을 그의 죽음 이후
에도 이어가는 이들을 의미할 수도 있다.

왜냐하면 이 모든 것은 호메로스가 말했듯이 "봄이 오면 태
어나는 것"이기 때문이다. 바람이 나뭇잎을 떨어뜨리면 숲은
곧 새로운 나뭇잎을 만들어낸다.

그러나 모든 것에는 공통된 특징이 있다. 그것은 존재의 시
간이 매우 짧다는 점이다. 곧 너는 눈을 감게 될 것이다. 그리
고 너를 무덤으로 옮겨 묻는 이들 또한 시간이 지나면 다른 누
군가의 애도를 받게 될 것이다.

(0-34)

* 호메로스는 고대 그리스의 음유시인이다. 이 문장은 『일리아스』 제6권에서 인용되었다.

운명이 가져오는 것을
환영하라

　육체, 영혼, 지성. 육체는 감각을 통해 세상을 느끼고, 영혼은 욕망에 이끌리며, 지성은 원리에 따라 판단한다. 동물조차도 형태를 통해 사물을 이해하고, 야수조차도 욕망이라는 실에 의해 지배된다. 심지어 신을 부정하는 자, 조국을 배신하는 자, 보이지 않는 곳에서 악행을 저지르는 자조차도 자신이 옳다고 믿는 지성에 의해 행동한다.

　그렇다면, 이러한 기본적인 요소들 외에 선한 사람만이 가질 수 있는 것은 무엇일까? 그것은 운명이 가져오는 모든 것을 애정 어린 마음으로 받아들이는 자세. 자신의 '내면의 정신'을 왜곡된 신념으로 더럽히지 않고, 방해받지 않으며, 조용히 신에게 순응하는 것이다. 진리에 반하는 거짓을 말하지 않고, 정의를 저버리는 행동을 하지 않으며, 자신의 '내면의 정신'을 충실히 지켜가는 것이다.

　단순하고 겸손하며 만족스러운 삶을 살아온 것을 다른 사람들이 알아주지 않아도 화내지 말라. 진정으로 중요한 것은 자신이 그 삶에 만족하며 올바르게 살아가는 것이다.

(3-16)

II. 운명을 사랑하라

<u>Meditations</u>

모든 것은 예정된 것이다

한쪽 면만 보았다면, 이제는 다른 쪽 면도 보라. 스스로를 괴롭히지 말고, 모든 상황을 단순하고 명료하게 받아들여라. 누군가 잘못을 저질렀다고? 그 잘못은 그 사람 자신에게 돌아갈 것이다. 그런 일이 너에게 어떤 실질적인 해를 끼칠 수 있겠는가?

모든 일은 우주의 이치와 흐름 속에서 이미 정해져 있었던 것이다. 그러니 고민하지 말고, 삶은 짧다는 사실을 기억하라. 지금 이 순간을 살아가면서 이성적으로 판단하고, 정의롭게 행동하라. 그리고 쉬는 순간에도 마음의 평화를 잃지 말아야 한다. 정신은 맑게, 마음은 온전히 유지하라.

(4-26)

운명은 처방된 것이다

전체적으로 모든 것은 하나의 조화 속에 존재한다. 마치 모든 물체가 결합하여 하나의 대우주를 이루는 것처럼, 모든 원인 또한 결합하여 하나의 큰 원인을 형성한다.

완전히 무지한 사람조차도 내가 말하는 바를 이해할 수 있을 것이다. 그들 또한 "그것은 운명에 의해 이루어졌다"고 말하지 않는가? 여기서 "이루어졌다"는 "처방되었다"고 표현할 수도 있을 것이다. 그렇다면 우리도 마치 명의의 처방처럼, 일어나는 일들을 받아들여야 한다.

비록 "좋은 약은 입에 쓰다"고 말할지라도, 우리는 그것이 우리의 건강을 회복시킬 것이라는 기대 때문에 처방된 약을 먹지 않는가?

(5-8)

모든 것은 그렇게 정해져 있었다

너의 삶에서 일어나는 모든 일은 아주 오래전부터 그렇게 정해져 있었다. 다양한 원인들이 서로 얽히고 엮여, 너라는 존재와 네게 일어난 모든 일은 이미 영원한 과거부터 결정되어 있었던 것이다.

(0-5)

운명을 자발적으로
받아들여라

상상해 보라. 어떤 일에 슬퍼하거나 불쾌해하는 사람은 신들에게 바쳐지는 제물로서, 칼날 앞에서 억지로 붙잡혀 몸부림치며 비명을 지르는 돼지와 다르지 않다.

침대에 혼자 누워 운명의 족쇄를 한탄하며 슬퍼하는 사람 역시 마찬가지다.

이성을 가진 동물인 인간만이 운명을 이해하고 자발적으로 받아들일 수 있다. 그러나 다른 생명체들은 제물로 바쳐진 돼지처럼 그저 본능적으로 복종할 뿐이다.

(10-28)

자연이 만들어내는 것은
모두 아름답다

자연이 만들어낸 것뿐만 아니라, 그와 함께 생겨나는 부수적인 것들에서도 우리는 마음의 평온함과 매력을 느낄 수 있다.

예를 들어, 빵이 구워지면서 표면에 생기는 갈라진 자국은 제빵사의 의도와는 다르게 생긴 것이지만, 독특하고 식욕을 돋우는 아름다움을 가지고 있다. 또한, 잘 익어 터지기 직전의 무화과나 썩기 직전의 올리브 열매 역시 그 자체로 고유한 아름다움을 지닌다.

익어서 고개를 숙인 밀 이삭, 사자의 눈 깜빡임, 멧돼지의 침 등은 언뜻 보기에 아름답지 않을 수 있으나, 주의 깊게 관찰하면 자연이 만들어낸 독특한 조화로 인해 그 안에서도 아름다움을 발견할 수 있다.

이러한 자연의 산물은 누구에게나 매력적으로 보이지 않을 수도 있지만, 자연과 그 과정을 이해하고 친숙한 사람들에게는 그 특별한 아름다움이 드러나 보인다.

(3-2)

세상에서 일어나는 일에
신기한 것은 없다

봄이 오면 장미가 피어나고, 여름이 되면 과일이 익어가듯, 세상에서 일어나는 모든 일은 우리가 이미 익숙하고 잘 알고 있는 것들이다. 병이나 죽음, 비방이나 배신 같은 일들, 혹은 어리석은 자들이 기뻐하거나 화를 내는 일조차도 자연의 한 부분일 뿐이다. 이 모든 것은 우리가 일상적으로 접하며, 새로울 것 없는 자연의 순리와 같다.

(4-44)

인간의 본성이 원하지 않는 일을 하고 있지는 않은가

단 한 가지, 마음을 괴롭히는 것이 있다. 다른 사람은 몰라도 자신이 인간의 본성이 원하지 않는 일을 하고 있지는 않은가 하는 것이다. 어떤 방식으로든 인간의 본성이 거부하는 행동을 하고 있지는 않은가? 미래의 일이야 알 수 없지만, 지금 이 순간, 바로 이 순간에 그런 일을 하고 있지는 않은가?

(7-20)

자연에 따라 살아라

자신을 이미 죽은 사람, 지금 이 순간까지 삶을 모두 다 산 사람이라고 생각하라. 그리고 남은 삶을 자연의 섭리에 따라 적절하고 조화롭게 살아가라.

(7-56)

Meditations

일어나는 모든 일은
자연스러운 것이다

인간에게 인간적이지 않은 일이 일어날 수 없다. 황소에게
는 황소에게 자연스러운 일이, 포도나무에게는 포도나무에게
자연스러운 일이, 작은 돌에게는 돌에게 자연스러운 일이 일
어난다. 이 세상에 존재하는 모든 것은 자연의 이치에 따라 흘
러가며, 각자의 본성에 합당한 일을 경험한다.

그러므로 인간이 겪는 모든 일은 인간에게 적합하고 자연스
러운 일에 속한다. 어떤 일이 닥치더라도 불평하지 말라. 불평
할 이유가 없는 것은, 자연이 결코 견디기 어려운 일을 주지 않
기 때문이다.

(8-46)

평판은 무의미하다

높은 곳에서 세상을 내려다보라. 수많은 사람들이 각자의 길을 걸으며 살아가고 있다. 폭풍우 속을 항해하거나 고요한 바다 위를 지나가는 이들, 태어나고 모이며 떠나가는 사람들. 지나간 세대의 삶, 아직 태어나지 않은 미래 세대의 삶, 그리고 우리가 알지 못하는 세계 속에서 이어지는 다양한 삶의 모습을 상상해 보라.

얼마나 많은 사람이 너의 이름조차 알지 못하는가? 얼마나 많은 사람이 너의 이름을 잊게 될 것인가? 지금 너를 칭송하는 사람들조차도 머지않아 비난할 수도 있지 않은가.

죽음 이후에 남는 이름에는 아무 의미가 없다. 평판도, 그 외의 모든 것도 결국엔 무의미하다.

(9-30)

산 정상에 홀로 있는 것처럼
살아라

너의 남은 인생은 짧다. 남은 시간을 산 정상에 홀로 서 있는 것처럼 살아라. 여기서 살든, 저 너머의 산 정상에서 살든, 우주 전체를 너의 삶의 터전으로 생각한다면, 어디에서 살아가든 본질적으로 다르지 않을 것이다.

자연에 따라 살아가는 진정한 인간이란 어떤 모습인지 너의 삶을 통해 보여주어라. 그리고 그 모습을 다른 이들이 이해하지 못하거나 받아들이지 못한다면, 그들에게 너를 비난하게 하거나 심지어 너의 삶을 끝내게 하라. 그들이 원하는 방식대로 억지로 살아가는 것보다는, 자연스럽게 자신의 본성에 따라 살아가다 죽는 것이 훨씬 가치 있는 삶이기 때문이다.

(10-15)

있는 그대로 보라

너에게 악행을 저지르는 사람이 원하는 방식으로 생각하지 말고, 그들이 너에게 심어주고 싶어 하는 감정이나 생각을 받아들이지 마라. 세상과 사건을 있는 그대로 바라보는 태도가 중요하다.

(4-11)

아름다운 것에는 찬사가
필요 없다

아름다움은 그 자체로 완전하다. 누군가 찬사를 보내든 보내지 않든, 그것의 본질은 변하지 않는다. 찬사는 아름다움을 더하지 못하고, 비난은 그것을 훼손하지 못한다. 이는 예술 작품이나 자연의 미, 우리가 일반적으로 '아름답다'고 부르는 모든 것에 적용된다.

진정한 아름다움은 외부의 어떤 것도 필요로 하지 않는다. 법률, 진리, 자비, 겸손과 같은 가치도 본래 그것들만으로 완전하며, 어떤 외부의 평가에도 흔들리지 않는다.

생각해 보라. 찬사를 받아야만 에메랄드가 아름다워지는가? 금, 상아, 자개, 악기, 꽃, 나무와 같은 것들도 마찬가지다. 그것들은 존재 자체로 충분히 아름답고, 다른 어떤 조건도 필요로 하지 않는다.

(4-20)

본질은 가감 없이 직시하라

식탁에 고기 요리와 맛있는 음식들이 가득 차 있는 것을 보고, 이것은 생선의 사체이고, 저것은 닭이나 돼지의 사체라고 받아들여라. 고급 와인은 그저 포도즙에 지나지 않는다. 고위 관리가 입는 자주색 망토는 소라 껍질의 분비액으로 염색한 양모에 불과하다. 성행위란 단순히 생물학적 마찰과 쾌감을 동반한 생리적 과정으로, 결과적으로 생식 세포를 방출하는 것이다.

이런 식으로 보면, 사물의 핵심에 도달하여 본질을 꿰뚫을 수 있다. 우리는 인생 전체를 통해 그러한 관점을 가져야 한다. 사물이 진지한 인상을 주며 나타날 때, 그것을 벌거벗겨 얼마나 하찮은 것인지 잘 관찰하고, 모든 치장과 찬사의 말을 벗겨내야 한다.

왜냐하면 자만심만큼 판단을 흐리게 하는 것은 없으며, 의미 있는 일을 하고 있다고 확신할 때 오히려 의미 없는 일에 몰두하게 될 수 있기 때문이다.

(6-13)

<u>Meditations</u>

공통된 요소에서
본질을 보라

거미는 파리를 잡아 기뻐한다. 누군가는 산토끼를 잡고, 또 누군가는 작은 물고기를 그물로 잡아 올리며 즐거워한다. 어떤 이는 멧돼지를, 어떤 이는 곰을 사냥하며 자부심을 느낀다. 심지어 사르마티아인은 타 민족을 정복하고 노예로 삼는 것을 성취로 여긴다.

그러나 공통적으로 생각해보면, 이 모든 행위는 결국 자신의 욕망을 채우기 위해 무언가를 빼앗거나 희생시키는 행위일 뿐이다. 본질적으로는 도둑질과 다르지 않다.

(10-10)

---

* 사르마티아인: 로마 제국 동쪽 헝가리 평원에 있었던 용맹한 기마 민족으로, 마르쿠스 아우렐리우스의 로마 군대는 기원 175년에 그들과 싸웠다.

벌거벗은 상태로 생각해보라

사물을 겉으로 보이는 모습이 아니라, 그 본질을 꿰뚫어 바라보라. 그것이 어떻게 형성되었는지, 어떤 원인에서 비롯되었는지를 거슬러 올라가 숙고하라. 우리의 행동은 무엇을 목표로 하는지, 고통과 쾌락은 어디에서 오는지, 죽음과 명성은 과연 어떤 의미를 가지는지 생각해보라.

네가 지금 바쁘게 살아가는 이유는 무엇인가? 그 바쁨의 책임은 누구에게 있는가? 왜 다른 사람의 방해 없이도 스스로 혼란에 빠지는가? 모든 혼란과 고통의 근원은 결국 자신의 생각에 있음을 깨달아라.

(12-8)

III. 정신을 강하게 유지하라

영혼이 스스로를
타락시키는 때

인간의 영혼이 스스로를 타락시키는 경우는 다음과 같다.

첫째, 자연의 질서를 벗어날 때이다. 화를 내거나 분노에 휩싸여 자신을 세상과 단절시키는 것은 자연의 일부분으로서 자신의 본질을 잊는 것이다. 세상에서 일어나는 모든 일은 결국 자연의 일부임을 기억하라.

둘째, 타인과의 연결을 거부할 때이다. 화를 내며 다른 사람을 외면하거나 그들에게 해를 끼치려 할 때, 영혼은 고립되고 진정한 인간다움을 잃게 된다.

셋째, 쾌락과 고통에 지배당할 때이다. 육체적 쾌락이나 고통에 의해 이성을 잃고 스스로를 무너뜨릴 때, 영혼은 본래의 힘을 잃고 타락한다.

넷째, 스스로를 속일 때이다. 부자연스럽거나 부정한 말을 하거나 행동하면서 자신을 기만할 때, 영혼은 정직함과 진실함을 잃는다.

다섯째, 목적 없이 충동적으로 행동할 때이다. 무작위로, 일관성 없이 행동하거나 충동에 이끌릴 때, 작은 일이라도 목표와 방향을 잃는다면 영혼은 흔들릴 수밖에 없다. 행동에는 반드시 의미와 목적이 있어야 한다.

(2-16)

"내면의 정신"보다
중요한 것은 없다

만약 인생의 어느 순간에서 정의, 정직, 자기 통제, 용기보다 더 뛰어난 가치를 발견한다면, 그것이 정말로 특별한 것임을 인정하고, 망설이지 말고 받아들여라. 그리고 그것을 온전히 즐기며 삶에 더해라.

그러나 그러한 가치를 찾지 못한다면, 자신 안에 있는 "내면의 정신"이 가장 중요한 것임을 받아들여야 한다. 다른 무엇보다 "내면의 정신"을 우선시해야 하며, 그것 외에 다른 것에 자신을 빼앗겨서는 안 된다.

"내면의 정신"은 너의 개인적 욕망을 초월하고, 다양한 생각을 분별할 수 있는 힘이다. 또한, 소크라테스가 말했듯이 감각적 유혹에서 벗어나도록 도와주며, 신의 질서와 인간의 행복을 조화롭게 추구하도록 이끄는 것이다.

(3-6)

지적 능력이 쇠퇴하기 전에 깊이 생각하라

인생은 하루하루 지나가며 남은 날들은 점점 줄어들고 있다. 그러나 단지 시간이 흐르는 것만이 문제가 아니다. 설령 오래 산다고 해도, 세상을 제대로 이해하고 신과 인간에 대해 깊이 사유할 수 있는 지적 능력이 끝까지 유지될지는 확신할 수 없다.

나이가 들어도 호흡이나 소화, 상상력이나 욕망 같은 본능적인 기능은 남아 있을 것이다. 하지만 자신을 잘 활용하거나 해야 할 일을 명확히 판단하며, 보고 듣는 것을 분석하거나, 삶의 끝에 대해 결정하는 것처럼 정신의 건강과 명료함이 요구되는 능력은 점차 쇠퇴할 수 있다.

그렇기 때문에 서둘러야 한다. 하루하루 우리는 죽음에 가까워질 뿐만 아니라, 세상을 이해하고 성찰하는 능력 또한 그 전에 사라질 수 있기 때문이다.

(3-1)

마음 속에 은신처를 가져라

많은 사람들이 일상생활에서 벗어나 들판이나 바닷가, 산으로 휴식을 떠나려 한다. 너도 그런 바람을 느낄 수 있을 것이다. 그러나 사실 이는 어리석은 일일지도 모른다. 왜냐하면 언제든 원하는 순간에 스스로의 내면으로 물러날 수 있기 때문이다.

우리의 마음 속만큼 고요하고 번잡함에서 벗어난 장소는 없다. 마음 속을 깊이 들여다보면, 즉시 평온과 안식을 되찾을 수 있는 쉼터가 있음을 알게 된다. 진정한 평온은 마음의 질서에서 비롯된다. 그러니 언제나 너의 내면에 은신처를 마련하고, 스스로를 되찾는 연습을 하라.

(4-3)

Meditations

항상 생각하는 것이 정신을 형성한다

네가 항상 품고 있는 생각이 너의 정신과 삶의 모습을 형성한다. 이는 영혼이 네가 생각하는 내용에 따라 물들기 때문이다.

그렇다면, 긍정적이고 의미 있는 생각으로 네 영혼을 채워보라. 예를 들어 이런 생각을 떠올릴 수 있다.

"내가 살아가는 이곳에서도 더 나은 삶을 살 수 있다. 만약 내가 궁전과 같은 곳에 산다고 해도, 그곳에서도 더 나은 삶을 만들어갈 수 있을 것이다."

(5-16)

두 세계를 오가라

만약 너에게 계모와 친모가 있다면, 계모에게도 당연히 예의를 갖추고 의무를 다해야 할 것이다. 그러나 결국 친모의 품으로 돌아가 위안을 얻는 일이 더 자연스러울 것이다.

이 관계는 너의 삶에서 궁정(세속적인 일)과 철학(내면의 진리)이 가진 역할과도 같다. 철학은 너의 친모와 같아, 네가 자주 돌아가 마음의 평온과 지혜를 찾을 곳이다.

철학에서 충분히 위안을 얻고 다시 나아간다면, 궁정(세속적인 세계)에서 마주하는 어려움들을 더 잘 견딜 수 있을 것이다. 그렇게 하면 세속적인 환경 속에서도 너는 인내심 있는 사람으로 인정받게 될 것이다.

(6-12)

Meditations

정신 차려, 자신아

얼마나 부끄러운 일인가. 내 몸은 아직도 견디고 버티고 있는데, 내 마음과 영혼이 먼저 지치고 무너져버리다니.

(6-29)

내면까지 외면의 색에
물들지 않도록 하라

스스로를 황제처럼 행동하지 않도록 경계하라. 겉모습에 물들어 내면까지 왜곡되지 않도록 주의해야 한다. 실제로 이런 일은 우리 삶에서 자주 벌어진다.

단순하고 선량하며, 순수하고 진지하되, 거만하지 않고 정의를 사랑하며, 신을 존경하고 사람들에게 친절하며, 사랑이 깊고 자신의 의무를 열정적으로 수행하는 사람이 되라. 철학이 가르치는 대로, 진정한 인간다움을 추구하는 삶을 살아라.

신을 존경하고 사람들을 돕는 데 집중하라. 인생은 짧다. 이 세상에서 우리가 남길 수 있는 가장 귀한 것은 겸손한 태도와 사회에 도움이 되는 행동뿐이다.

(6-30)

자신의 내면에 샘을 파라

자신의 내면을 깊이 탐구하라. 그곳에는 선이라는 맑고 깨끗한 샘이 존재한다. 그 샘은 끊임없이 선한 물을 흘려보내며, 멈추지 않고 계속해서 흘러넘친다. 멈추지 말고 계속 파고들어라. 그 샘은 결코 마르지 않을 것이다.

(7-59)

자신의 내면의 샘을
마르게 해서는 안 된다

맑고 깨끗하며 달콤한 물이 솟아나는 샘이 있다고 상상해보라. 그 옆에서 누군가 샘을 저주한다고 해도, 샘은 멈추지 않고 물을 계속 솟아낸다. 설령 누군가 샘에 진흙이나 오물을 던진다 해도, 물은 금세 그것을 씻어내고 다시 맑고 깨끗한 상태로 돌아온다.

그렇다면 어떻게 하면 이런 끊임없이 솟아나는 샘을 내면에 가질 수 있을까? 이를 위해서는 어떤 상황에서도 흔들리지 않고 자유로운 마음을 유지해야 한다. 또한 다른 사람들에게 친절하고, 정직하며, 겸손한 태도를 잃지 않아야 한다.

(8-51)

불행해질지 말지는
자신에게 달려 있다

나의 자유 의지는 다른 사람의 자유 의지와 독립적이다. 마치 그 사람의 숨결이나 몸이 내 삶에 영향을 미치지 않는 것처럼, 그들의 의지 또한 나와 별개이다.

우리가 서로를 위해 태어났다고 할지라도, 의지의 영역에서는 각자 스스로를 통제할 수 있을 뿐이다. 만약 다른 사람의 행동이 나의 의지에 영향을 미친다면, 그들의 잘못된 행동으로 인해 내가 불행해질 수밖에 없을 것이다. 하지만 신은 그렇게 되기를 바라지 않았다.

내가 불행해질지 말지는 다른 사람에게 달려 있는 것이 아니라, 오롯이 나 자신의 선택에 달려 있다. 불행은 외부에서 오는 것이 아니라, 스스로 만들어내는 것이다.

(8-56)

악과 욕망을 배제하라

공상이나 쓸데없는 생각을 떨쳐내라. 이런 순간에는 스스로에게 이렇게 말하며 마음을 다잡아야 한다.

"나는 이제 내 의지로 악한 마음이나 지나친 욕망, 그리고 혼란스러운 감정들이 내 영혼에 스며들지 못하게 할 수 있다. 또한, 모든 것을 있는 그대로 바라보고, 그것의 진정한 가치를 존중하며 대할 수 있다."

이 힘은 자연이 나에게 준 소중한 선물임을 잊지 말아야 한다.

(8-29)

정신은 난공불락의 성채이다

기억하라. 우리의 이성이라는 정신의 중심은, 내면으로 물러나 스스로 힘을 모으고 만족을 찾을 때 누구도 침범할 수 없는 강력한 힘을 가진다. 설령 그 만족이 단순히 자신이 원치 않는 일을 하지 않겠다는 결심에서 오는 것이라 하더라도, 이성은 그 자체로 무적이다. 하물며 이성이 신중한 판단을 통해 올바른 결정을 내린 경우라면, 그 힘은 더욱 강력해진다.

그래서 열정과 충동에서 자유로운 정신은 난공불락의 성채와 같다. 한 번 그곳에 피신하면, 삶이 끝날 때까지 이보다 더 안전한 곳은 없다. 이런 이성을 이해하지 못하는 사람은 스스로의 내면을 알지 못하는 무지한 사람이다. 하지만 그것을 알고 있음에도 자신의 내면으로 피신하지 않는 사람은 진정으로 불행한 사람이다.

(8-48)

건강한 정신은 어떤 것도
받아들일 수 있다

건강한 눈은 세상에 보이는 모든 것을 자연스럽게 받아들여야 하며, "나는 초록색만 보고 싶다"고 말해서는 안 된다. 그런 바람은 시각에 문제가 있는 사람에게서나 나올 법한 말이다.

마찬가지로 건강한 귀는 들리는 모든 소리를, 건강한 코는 맡을 수 있는 모든 냄새를 받아들일 준비가 되어 있어야 한다. 건강한 소화기관 또한 다양한 음식을 소화하며, 마치 맷돌이 어떤 재료든 갈아내는 것처럼 작동해야 한다.

이처럼 건강한 정신도 마주하는 모든 상황에 적절히 대응할 준비가 되어 있어야 한다. 그러나 "내가 사랑하는 아이들만 무사하기를" 혹은 "내가 하는 모든 일이 칭송받기만을 바란다"고 말하는 사람은 초록색만 보고 싶어 하는 눈이나 부드러운 음식만 먹고 싶어 하는 치아와 다를 바 없다. 그런 정신은 세상의 다양한 경험과 도전을 제대로 받아들이지 못하는 한계를 스스로 만들어내는 것이다.

(10-35)

Meditations

마음을 어지럽히는 원인은
자신에게 있다

어떤 것을 얻으려 하거나 피하려고 할 때, 마음이 어지럽고 짜증이 밀려올 때가 있다. 하지만 이 짜증은 외부에서 생겨난 것이 아니다. 사실, 네가 스스로 그 대상을 향해 움직이고 있기 때문이다.

그러므로 그 상황이나 대상을 "좋다"거나 "나쁘다"고 판단하는 습관을 멈추어라. 판단을 멈추는 순간, 마음을 어지럽히던 대상은 더 이상 영향을 미치지 못할 것이며, 그것을 향해 쫓아가거나 피하려는 너의 갈등도 사라질 것이다.

(11-11)

IV. 편견을 버려라

결점이 있는 사람도
나와 같은 인간이다

아침에 눈을 뜨면 스스로에게 이렇게 말하라.

"오늘 만날 사람들 중에는 간섭을 좋아하고, 은혜를 모르며, 정직하지 못하거나 질투심에 사로잡히고, 무례한 태도를 보이는 이들이 있을 것이다. 하지만 그들의 행동은 선과 악을 구별하지 못하는 무지에서 비롯된 것이다."

나 자신은 선이란 정신의 아름다움이고, 악이란 정신의 추함이라는 것을 잘 알고 있다. 그리고 그런 행동을 하는 사람들조차도 나와 같은 인간으로서 동일한 정신을 지니고 있음을 이해한다. 그들은 혈연으로 연결된 것은 아니지만, 같은 인간이라는 점에서 나와 다르지 않다. 그래서 나는 그들에게 분노를 느끼거나 미워할 이유가 없다.

우리는 두 손과 두 발처럼, 좌우의 눈처럼, 위아래의 치아처럼 서로 협력하며 살아가도록 태어났다. 따라서 서로를 방해하거나 미워하는 것은 자연의 법칙에 어긋나는 일이다. 분노하거나 미워하며 등을 돌리는 것은 결국 서로를 해치고, 더 나아가 우리의 본질을 부정하는 행위일 뿐이다.

(2-1)

한계를 넘어서까지
휴식할 필요는 없다

아침에 일어나기가 어렵다면 스스로에게 이렇게 말해 보라.

"나는 오늘도 내 역할을 다하기 위해 태어났다. 내가 해야
할 일에서 눈을 돌리고 불평만 한다면, 그것이 과연 옳은 선택
일까? 아니면 단지 이불 속의 따뜻함이 좋다는 이유로 하루를
미루어야 하는가?"

"하지만 지금 이대로가 더 편안하잖아."

그렇다면 너는 단지 편안함을 위해 태어난 것인가? 아무런
도전도, 성취도 없이 단순히 쉬기만 하기 위해 세상에 존재하
는 것인가? 사람으로서 해야 할 일을 왜 외면하려 하는가? 왜
자연이 부여한 의무를 거부하려 하는가?

"하지만 휴식도 필요한 거 아니야?"

물론 그렇다. 휴식은 분명 중요하다. 그러나 모든 것에는 적
절한 한계가 있다. 그 한계를 넘어 계속 쉬고만 싶다면, 그것은
게으름일 뿐이다. 게다가 아직 충분히 일하지도 않았는데, 무
엇을 위해 그렇게 많이 쉬어야 한단 말인가?

(5-1)

죽음과 삶은 선도 악도 아니다

지금 이 순간이라도 이 세상을 떠날 수 있다는 사실을 항상 마음에 새겨라. 그 생각을 바탕으로 네가 하는 모든 행동, 말, 그리고 생각을 결정하라.

만약 신들이 존재한다면, 세상을 떠나는 것은 결코 두려워할 일이 아니다. 신들이 인간에게 해를 끼칠 이유가 없기 때문이다.

더욱이, 죽음과 삶, 성공과 실패, 고통과 쾌락, 부와 빈곤과 같은 것들은 모두 선한 사람에게나 악한 사람에게나 동일하게 주어지는 것이다. 이런 것들은 정신적으로 아름답지도, 추하지도 않다. 결국 그것들은 본질적으로 선도, 악도 아니라는 결론에 도달할 수 있다.

(2-11)

생각을 버리면 불평도 사라진다

　　고정된 생각을 내려놓아라. "나는 피해자다"라고 느끼는 순간, 불평은 너의 마음을 지배한다. 그러나 그 생각을 놓아버리면, 피해자로 느끼는 마음도 사라진다. 생각의 틀을 깨고, 더 넓은 관점으로 자신과 상황을 바라보아라.

(4-7)

Meditations

생각을 지워버리면 평온해진다

복잡한 생각이나 부정적인 감정을 내려놓고 마음에서 지워 내는 것은 생각보다 간단한 일이다. 그것을 멈추는 순간, 마음 은 즉시 고요와 평온을 되찾는다.

(5-2)

고통이라고 생각하기 때문에
고통이 된다

고통이든 어떤 시련이든, 외부에서 다가오는 일은 그대로 받아들이라. 육체는 그것을 느끼고 불편해할 수 있고, 만약 육체가 말을 할 수 있다면 불평할지도 모른다. 그러나 중요한 것은, 그것이 나쁜 일이라고 스스로 판단하지 않는다면, 마음은 상처받지 않는다.

모든 것은 내가 어떻게 받아들이느냐에 달려 있다. 그리고 그 상황을 넘길 힘은 이미 내 안에 존재한다.

(7-14)

<u>Meditations</u>

선악의 판단은 행동으로 드러난다

누군가를 만날 때마다 스스로에게 이렇게 물어보라.
"이 사람은 선과 악에 대해 어떤 기준을 가지고 있을까?"

왜냐하면, 그가 쾌락과 고통, 명예와 불명예, 삶과 죽음에 대해 어떤 신념을 가지고 있다면, 그 신념에 따라 행동하는 것은 전혀 놀랄 일이 아니기 때문이다.

그가 가진 원칙에 따라 그렇게 행동할 수밖에 없다는 사실을 나는 잊지 않을 것이다.

(8-14)

고통에 머물지 말고 행동하라

외부에서 일어난 일로 고통을 느끼는 것은 그 자체 때문이 아니라, 네가 그것을 고통이라 여기는 생각 때문일 뿐이다. 그런데 이 생각은 네 힘으로 지금 당장 지울 수 있다.

만약 고통이 네 내부, 즉 네 성격이나 태도에서 비롯된 것이라면, 누가 대신 그 생각을 바로잡아 줄 수 있겠는가? 이는 오직 너 자신만이 해결할 수 있다.

혹시 올바른 행동을 하지 않았기 때문에 고통을 느낀다면, 그 고통 속에 머무르지 말고 지금 당장 행동하라.

"하지만, 더 큰 힘이 나를 방해하고 있어."
"그렇다면 고통받을 필요는 없다. 네 잘못이 아니기 때문이다."
"그러나 그 일을 하지 못하고 사는 것이 의미가 있을까?"
"그렇다면, 모든 것을 수용하며 이 세상을 떠나라. 해야 할 일을 다하고, 방해하는 것들조차 평온하게 받아들이며 세상을 떠나는 사람처럼."

(8-47)

생각은 자신에게 달려 있다

모든 것은 결국 생각에서 비롯된다는 것을 기억하라. 그리고 그 생각은 오직 너 자신에게 달려 있으니, 어떻게든 바꿀 수 있다.

곶을 돌아 잔잔한 바다에 다다른 선원이 고요함을 바라보듯이, 모든 상황도 평온해질 수 있다. 물결 없는 고요한 만처럼, 네 마음도 차분하고 안정된 상태로 가라앉을 수 있을 것이다.

(12-22)

자신의 힘으로 똑바로 서라

어떻게 행동해야 할지 스스로에게 물어보라.

충동적으로, 이기적으로, 두려움에 휩싸여 신중함 없이 행동하지 말라. 생각을 꾸미거나 과장하지 말고, 쓸데없는 말이나 불필요한 행동은 삼가라.

너는 인간으로서, 성숙한 어른으로서, 사회의 일원으로서, 그리고 맡은 역할 속에서 너의 내면의 원칙과 정신을 드러내야 한다.

전장의 병사가 자신에게 주어진 자리를 끝까지 지키듯이, 너도 인내심을 갖고 상황을 견뎌라. 모든 것이 끝났다는 신호가 올 때까지 흔들리지 말고 자신의 자리를 유지하라.

맹세하거나 과장된 말로 자신을 치장하지 마라. 단단한 원칙을 바탕으로 너의 행동을 이끌어가라.

(3-5)

<u>Meditations</u>

장애물을 연료로 삼아
불타올라라

내면을 지배하는 힘이 자연의 법칙에 부합한다면, 주어진 환경과 상황에 유연하게 적응하며 반응할 수 있다. 이를 위해 특별한 조건이나 도구가 필요한 것은 아니다. 제한된 여건 속에서도 처음의 목표를 잊지 않고 꾸준히 나아가면 된다.

만약 장애물이 나타난다면, 그 자체를 새로운 동력으로 삼아야 한다.

작고 약한 불꽃은 연료에 의해 꺼질 수 있지만, 강하고 타오르는 불꽃은 연료를 순식간에 삼키며 더 크고 강렬하게 타오른다. 장애물은 그 불꽃을 끄는 것이 아니라, 오히려 더 활활 타오르게 만드는 원천이 될 뿐이다.

(4-1)

정의를 실현하기 위해서는
인내가 필요하다

너는 무엇에 불만을 가지고 있는가? 사람들의 악행 때문인가?

다음의 사실을 기억하라. 인간은 이성적인 존재로, 서로를 돕기 위해 태어났다는 것. 정의를 실현하기 위해서는 인내심이 필요하다는 것. 그리고 인간은 때로 자신의 의지와 상관없이 악행을 저지를 수 있다는 것이다.

지금까지 얼마나 많은 사람들이 서로를 적대하고, 의심하고, 미워하고, 싸우다 결국은 죽음으로 끝났는지 떠올려 보라. 그들은 불타서 재로 돌아갔고, 결국 아무것도 남지 않았다.

이제 불평을 멈추고, 그저 견뎌라.

(4-3)

Meditations

어떤 일도 올바르게 행하라

이 세상에서 일어나는 모든 일은 결국 올바르게 진행된다. 주의 깊게 관찰하면, 그 사실을 이해할 수 있을 것이다. 여기서 말하는 것은 단순히 전체적으로 옳다는 의미만이 아니다. 모든 일이 마치 정교하게 맞춰진 것처럼, 조화롭게 일어나고 있다는 뜻이다.

그러므로 계속해서 세상을 주의 깊게 관찰하라. 어떤 상황에서도 너의 행동이 선량하고 훌륭한 사람으로 비칠 수 있도록 노력하라. 무엇을 하든, 이 원칙을 잊지 말고 따르라.

(4-10)

의견을 바꾸기 위한 규칙이
필요하다

항상 두 가지 원칙을 지켜야 한다.

첫째, 사람들에게 도움이 되는 일만을 염두에 두고, 합리적이고 공익에 부합하는 방향으로 판단하고 행동하라.

둘째, 자신의 의견이 틀렸음을 깨닫게 하는 사람이 있다면, 주저하지 말고 생각을 바로잡아라.

다만 의견을 바꿀 때는 반드시 다음 조건을 충족해야 한다. 무엇이 옳고, 무엇이 공동의 이익에 부합하는지에 대한 합리적인 설득과 확신이 있어야 한다. 단지 듣기 좋아서, 혹은 평판을 의식해서 의견을 바꿔서는 안 된다.

(4-12)

목표를 향해 오로지 달려라

　다른 사람들이 무슨 말을 하고 어떤 생각을 하든 그것은 중요하지 않다. 중요한 것은 오직 자신이 무엇을 할지에 집중하고, 그것이 올바른 일인지 아닌지만 판단하는 것이다.

　다른 사람들의 잘못된 행동이나 도덕적 타락은 너와는 무관하다. 그런 것에 얽매이지 말고, 너만의 길을 따라 목표를 향해 흔들림 없이 나아가라.

(4-18)

"이것이 정말 필요한가?"라고 자문하라

데모크리토스는 "마음의 평안을 원한다면, 많은 일에 관여하지 말라"고 말했다. 하지만 나는 이렇게 말하고 싶다.

"진정으로 중요한 일만 하라. 인간은 사회적 존재로서 이성에 따라 살아가기 위해 꼭 필요한 일을 올바른 방식으로 해야 한다."

이렇게 하면 더 효율적으로 행동할 수 있을 뿐 아니라, 적게 행동하면서도 마음의 평화를 얻을 수 있다. 우리가 하는 말과 행동 대부분은 사실 불필요한 것들이다.

쓸데없는 일을 멈추면 시간적 여유가 생기고, 불필요한 걱정도 사라질 것이다.

따라서 항상 스스로에게 이렇게 물어보라. "이것이 정말 필요한가?"

불필요한 행동뿐 아니라 쓸데없는 생각도 버려라. 그렇게 하면 자연스럽게 쓸데없는 행동에서 벗어날 수 있을 것이다.

(4-24)

* 데모크리토스: 원자론을 제창한 고대 그리스의 철학자로, 유물론의 시조로 여겨진다.

Meditations

주어진 역할에 만족하라

전체적인 조화 속에서 자신에게 주어진 역할에 만족하며, 자신의 행동이 정의롭고 자비로움을 기반으로 이루어지는 삶을 살아가는 사람.

그런 선하고 올바른 삶이 너의 삶과 어울리는지 한번 실천해 보아라. 자신의 행동이 세상과 어우러질 때, 그것이 진정 너에게 맞는 삶인지 알게 될 것이다.

(4-25)

폭군도 노예도 되지 말라

앞으로 남은 인생은 전력을 다해 살아가되, 모든 것을 자연
의 흐름과 신의 뜻에 맡기며 폭군도, 노예도 되지 않는 자유로
운 삶을 살아가라.

(4-31)

Meditations

시간을 들일 가치가 있는지
대상에 따라 결정하라

역사 속 위대한 인물들과 그들이 살았던 시대를 떠올려 보라. 그리고 다양한 시대와 나라들을 바라보며, 많은 위대한 업적들이 얼마 지나지 않아 사라지고, 결국 개별적인 요소로 분해되는 모습을 떠올려 보라.

특히, 네가 잘 알고 있는 사람들을 떠올려야 한다. 본래 자신이 가진 재능과 자질에 집중하며 만족했어야 했지만, 헛된 일에 마음을 빼앗기고 시간을 낭비했던 사람들 말이다.

이때 꼭 기억해야 할 것은, 어떤 일에 얼마나 주의를 기울일지 여부는 그 일이 얼마나 중요한가에 따라 결정되어야 한다는 점이다. 그러므로 사소한 일에 관여하더라도, 그 일에 필요 이상으로 에너지를 쏟지 않으면 실망하거나 후회할 일도 줄어들 것이다.

(4-32)

진지한 노력을 기울여야 할 것

한때 널리 쓰였던 표현도 이제는 낡아버렸고, 한때 유명했던 사람들의 이름도 완전히 잊혔다. 모든 것은 순식간에 사라지고, 단지 이야기 속에 남거나 결국 완전히 망각 속에 묻혀버린다.

여기서 말하는 것은 과거에 찬란하게 빛났던 사람들에 관한 것이지만, 그 외의 사람들은 숨을 거두는 순간 곧바로 "가는 사람은 날마다 멀어진다"는 속담처럼 점점 잊혀질 뿐이다. 결국 영원한 기억이라는 것은 무엇인가? 그것은 허상에 불과하다.

그렇다면 우리가 진정으로 노력해야 할 것은 무엇인가? 그것은 단 하나뿐이다. 정의로운 사고, 공동체를 위한 행동, 거짓 없는 말, 그리고 세상에서 연속적으로 일어나는 모든 일을 필연적인 것으로 받아들이는 태도이다. 마치 항상 같은 원천에서 흘러나오는 물처럼 자연스럽게 받아들이며 사는 것이다.

(4-33)

<u>Meditations</u>

더 단순하고 선량하게 살아라

이제 그만두어라. 황제라는 지위에 얽매여 불평으로 가득 찬 삶을 흉내 내는 것을. 무엇이 너의 마음을 혼란스럽게 하는 가? 새로운 문제가 생겼는가? 아니면 단지 네가 그것을 불안 해하고 있는 것인가?

문제의 원인 때문인가? 그렇다면 그 원인을 직시하라. 아니 면 그것을 이루는 성분 때문인가? 그렇다면 그 성분을 분석하 라. 원인과 성분 외에는 세상에 존재하는 것은 아무것도 없다.

그리고 신들에 대해서는 더 단순하게, 그리고 더 선량하게 살아가라.

(9-37)

쾌락에 무관심한 태도를
가지기 위한 마음가짐

노래나 춤, 종합격투기(판크라티온) 같은 오락을 무의미하다고 생각하고 싶다면, 각각의 성분을 분석해 보아라.

노래에 대해서는, 아름다운 멜로디를 개별 음으로 분해해 스스로에게 물어보라. "이 음 하나하나에 내가 정말 매료되었는가?" 이렇게 생각해 보면, 부끄러워서 그저 좋아한다고 인정하기 어려워질 것이다.

춤도 마찬가지다. 각 동작과 자세를 하나씩 분해해 보면, 그 자체로는 큰 의미가 없다는 것을 알게 될 것이다. 종합격투기도 마찬가지로, 그 행위를 구성하는 성분들을 하나하나 살펴보면 별다른 가치가 없다는 결론에 이를 것이다.

결국, 미덕과 그와 관련된 행위가 아닌 것들은 무엇이든 성분으로 분해해 보면 본질적으로 큰 가치가 없음을 깨닫게 된다. 이 원칙을 인생 전반에 적용해 보라.

(11-2)

V. 도움을 청하라

친절에 대한 보답을 기대하지 마라

사람들은 친절을 베푼 뒤 서로 다른 방식으로 반응한다.

첫 번째 유형의 사람은 자신이 베푼 친절에 대해 당연히 보답을 기대한다. 이는 상대방에게 빚을 졌다고 느끼게 하는 태도다.

두 번째 유형의 사람은 겉으로는 보답을 바라지 않는 것처럼 행동하지만, 속으로는 자신을 상대방의 은인이나 채권자로 여긴다.

세 번째 유형의 사람은 자신이 베푼 친절을 특별히 의식하지 않는다. 이 사람은 풍성한 열매를 맺는 포도나무와 같다. 포도나무는 열매를 맺고 나서 아무런 보상을 기대하지 않으며, 다음 해에도 자연스럽게 새로운 열매를 맺는다.

이처럼 진정한 친절은 대가를 기대하지 않고 자연스럽게 베풀어지는 것이다.

(5-6)

실패하면 다시 돌아오면 된다

모든 행동이 원칙에 따라 이루어지지 않았다고 해서 화를 내거나 실망하지 말라. 실패에 좌절했다면 다시 시작하면 된다. 잘되지 않았더라도, 자신이 해낸 일의 대부분이 인간적으로 이루어진 것이라면 그것으로 충분하다.

무엇보다도 중요한 것은 자신이 돌아가야 할 길을 다시 찾고, 그 길을 진심으로 사랑하는 것이다.

(5-9)

무지와 자만은 강하다

태어나면서부터 견딜 수 없는 일은 누구에게도 주어지지 않는다. 그런데도 정말 견딜 수 없을 것 같은 상황이 발생했을 때, 여전히 흔들리지 않는 사람들을 볼 수 있다. 그들이 그렇게 보이는 이유는 두 가지일 수 있다. 첫째, 그들이 실제로 무지하거나 둔감해서 문제의 심각성을 인식하지 못하는 경우다. 둘째, 어떤 일에도 동요하지 않는 태도를 보여주고 싶어 하는 자만심 때문일 수 있다.

그러나 무지와 자만이 진정한 지혜보다 더 강력하게 보인다는 사실은 우리에게 깊은 반성을 요구한다. 그것이야말로 참으로 부끄러운 일이 아니겠는가?

(5-18)

감사하는 마음으로 되돌아보라

너는 지금까지 신들에 대해 어떤 태도를 가지고 살아왔는 가? 부모, 형제, 배우자, 자녀, 선생님, 양육자, 친구, 친척, 그리 고 함께 일하는 사람들에게는 어떤 태도를 취했는가? 너의 행 동과 말이 "누구에게도 해를 끼치지 않고, 나쁜 말을 하지 않 는다"는 원칙에 부합했는지 돌아보아라.

지금까지 얼마나 많은 일을 경험하고, 어려움을 이겨냈는지 떠올려보라. 너의 인생은 이제 어느 정도 완성 단계에 이르렀 고, 너의 역할과 봉사는 거의 끝나가고 있다. 그동안 얼마나 많 은 아름다운 광경을 보았으며, 얼마나 많은 쾌락과 고통을 담 담히 바라보았는가. 또한, 얼마나 많은 명예를 담담히 지나쳤 으며, 얼마나 많은 불친절한 사람들에게도 친절을 베풀었는지 회상해보라.

(5-31)

인상만으로 판단하지 마라

겉모습이나 첫인상만으로 사물을 판단하지 말라. 만약 누군가가 무언가를 잃어 괴로워하고 있다면, 네가 할 수 있는 범위 안에서 그 사람에게 적합한 방식으로 도와주어라. 하지만 잃어버린 것이 본질적으로 그다지 중요하지 않다면, 그 일이 큰 손실이라고 생각하지 않는 편이 낫다.

무언가를 잃어버렸다는 사실은 종종 그 사람의 행동이나 선택에서 비롯된 결과일 뿐이다. 그러므로 지나치게 연민하거나, 그것이 큰 비극이라고 여길 필요는 없다. 중요한 것은 상황을 객관적으로 바라보고, 필요한 경우 현실적이고 적절한 도움을 주는 것이다.

(5-36)

의심이나 증오 없이 자세를 취하라

체육관에서 레슬링을 연습할 때 상대가 흥분해서 손톱으로 긁거나 머리로 들이받는 상황이 있을 수 있다. 그로 인해 자신이 상처를 입더라도, 상대를 탓하거나 화를 내며 분노하지 않는다. 또한, 상대가 악의를 가지고 일부러 그랬다고 의심하지도 않는다.

다만, 상대에 대해 어느 정도 경계심은 유지한다. 하지만 그것은 적대적인 태도가 아니라, 의심 없이 차분하게 몸을 피하거나 자세를 가다듬는 방식으로 표현된다.

이와 마찬가지로, 인생에서도 이런 태도를 가져야 한다. 레슬링 연습에서 상대를 대하듯, 대부분의 일은 큰 마음으로 눈감아 주고 넘어가라. 의심하거나 미워하지 않아도 방어적인 자세를 취하는 것은 충분히 가능하다.

(6-20)

화를 내는 사람에게 휘둘리지 마라

누군가가 "안토니누스라는 이름은 어떻게 쓰나요?"라고 물으면, 너는 차분히 "안, 토, 니, 누, 스"라고 하나하나 발음하며 대답하지 않겠는가? 그렇다면 상대가 화를 낸다고 해서 너도 화를 낼 필요는 없다. 오히려 처음부터 천천히, 글자를 하나씩 발음하듯 침착하게 대응하면 된다.

인생에서도 같은 원리가 적용된다. 의무라는 것은 여러 단계로 구성되어 있다는 것을 기억하라. 네가 해야 할 일은, 주변의 감정에 휘둘리지 않고, 화를 내는 사람에게 동요되지 않으며, 네 앞에 놓인 일을 하나씩 차분히 해결해 나가는 것이다. 그것이 바로 네가 해야 할 본분이다.

(6-26)

---

* 안토니누스 - 마르쿠스 아우렐리우스의 이름은 정확히 말하면 마르쿠스 아우렐리우스 안토니누스이다.

주어진 환경에 적응하라

　주어진 환경에 자연스럽게 자신을 적응시키고, 너와 인연으로 엮여 운명을 함께하는 사람들을 진심으로 사랑하라. 단지 형식적인 태도나 겉으로만 사랑하는 것이 아니라, 마음 깊은 곳에서 우러나는 진정성을 담아 사랑하는 것이 중요하다.

(6-39)

자신의 선악 기준을 타인에게 적용하지 마라

너는 자신이 통제할 수 없는 것들에 선악의 잣대를 들이대며 판단하고 있다. 만약 어떤 불행이 너에게 닥치거나, 소중한 것을 잃었을 때, 신을 탓하거나 비난하는 것이 당연하게 느껴질 수도 있다. 혹은 그 원인이 된 사람들을 미워하거나 의심하는 마음이 드는 것도 무리는 아니다.

그러나 생각해 보라. 우리가 "나쁘다"고 여기는 대부분의 일들은 선악의 기준을 잘못 적용한 결과일 뿐이다. 만약 선악의 판단을 외부의 일이 아니라 오직 자신의 행위에만 적용한다면, 더 이상 신에게 불평하거나 타인을 적으로 여길 이유를 찾을 수 없을 것이다. 결국 모든 판단은 자신의 책임 아래 있다.

(6-41)

방해받으면 방향을 전환하면 된다

우선 상대를 설득해 보라. 비록 그들이 네 계획에 반대 의사를 표하더라도, 정의와 원칙이 명령하는 일이라면 설득을 시도해야 한다. 하지만 만약 누군가가 힘으로 방해하려 든다면, 그 상황에 맞춰 방향을 전환하고 평온한 마음과 만족의 태도로 대응하라. 방해를 그저 장애물로 보지 말고, 인내와 온화함 같은 다른 미덕을 발휘할 기회로 삼아야 한다.

네가 처음부터 이 계획을 세울 때, 모든 조건을 고려했음을 기억하라. 따라서 애초에 전혀 불가능한 일을 결심한 것은 아니었다는 점을 잊지 말라.

그렇다면 네가 진정으로 원했던 것은 무엇인가? 그것은 단순히 무언가를 시도해 보는 것이었다. 노력 자체가 목적이었다면, 이미 그 목적은 달성된 것이다. 방향을 바꾸더라도, 너의 진정한 목표는 이미 실현된 셈이다.

(6-50)

사회와 개인은 분리될 수 없다

벌집에 해로운 것은 결국 벌들에게도 해롭다.

(6-54)

대화의 내용과 행동의 의미를
잘 생각하라

　대화할 때는 상대방의 말에 집중하고, 행동할 때는 그 행동의 목적과 결과를 신중히 살펴라. 행동에서는 무엇을 이루고자 하는지 명확히 파악하고, 대화에서는 말의 본질과 의도를 주의 깊게 검토하라. 이러한 태도가 삶을 더 명확하고 의미 있게 만들어 줄 것이다.

(7-4)

목적을 달성하기 위해서라면
다른 사람의 도움도 받아라

내 지능이 이 문제를 해결하는 데 충분할까, 아니면 부족할까? 만약 충분하다면, 나는 자연이 내게 준 지능을 최대한 활용해 문제를 해결할 것이다. 하지만 충분하지 않다면, 그 일을 멈추고 더 능숙하게 해낼 수 있는 사람에게 맡기는 것이 옳다.

혹은 상황에 따라, 내가 기여할 수 있는 방식으로 팀원들과 협력해 함께 최선을 다할 것이다. 중요한 것은 내가 혼자서 하든, 다른 사람들과 함께 하든, 사회와 공동체에 유익한 결과를 만들어내는 데 집중하는 것이다. 이는 모두가 지향해야 할 공통된 목표다.

(7-5)

도움을 받는 것은
부끄러운 일이 아니다

도움을 받는 것을 부끄러워하지 마라. 너의 역할은 성채를 공격하는 병사와 같다. 성채의 벽 앞에 도달했을 때, 만약 발을 다쳐 혼자서 벽을 오를 수 없다면, 다른 병사의 도움을 받아야 한다. 그 도움은 네가 맡은 임무를 완수하기 위해 필요한 것이다. 그러니 도움을 청하거나 받는 것을 주저하지 말고, 목표를 이루기 위해 함께 협력하라.

(7-7)

Meditations

없는 것을 요구하지 마라

자신이 가지고 있지 않은 것은 처음부터 존재하지 않았다고 생각하라. 지금 가지고 있는 것 중에서 가장 소중한 것을 선택하고, '이것이 없었다면 얼마나 간절히 원했을까?'라고 깊이 생각해보라.

하지만 동시에 경계해야 할 점이 있다. 소중히 여기는 것을 과대평가한 나머지, 그것을 잃었을 때 예상치 못한 큰 실망을 겪지 않도록 조심하라. 중요한 것은 그것의 진정한 가치와 현재 그것이 내게 주는 만족감이다.

(7-27)

처세술은 레슬링과 비슷하다

처세술은 춤보다는 레슬링에 더 가까운 성격을 지닌다. 왜냐하면, 처세술은 예기치 못한 갑작스러운 상황이나 공격에 대비해 단단히 준비하고 있어야 한다는 점에서, 긴장과 준비 상태를 요구하기 때문이다.

(7-61)

다른 사람에게 도움이 되는 것이
자신에게도 이익이 된다

자신에게 이익이 되는 것을 거부하는 사람은 없다. 이는 자연스러운 본성이다. 마찬가지로 다른 사람을 돕는 것도 자연스럽다. 그렇기에, 다른 사람에게 도움이 되는 것이 결국 자신에게도 이익이 된다는 것을 깨달아야 한다. 이런 행위를 통해 얻어지는 만족에 결코 싫증을 느껴서는 안 된다. 왜냐하면, 서로 돕고 협력하는 것이야말로 인간 본성에 부합하는 일이기 때문이다.

(7-74)

행동할 때 자문해야 할 것

스스로에게 묻고 판단하라.

"지금 내가 하고 있는 일이 정말 나에게 중요한 일인가? 이 일을 하지 않으면 후회하게 될까? 결국 나의 삶은 끝이 나고, 세상의 모든 것은 흩어지고 사라질 것이다.

하지만 만약 내가 지금 하는 일이 이성을 갖춘 존재로서, 사회의 일원으로서, 그리고 자연과 신의 법 아래에서 살아가는 인간으로서 마땅히 해야 할 일이라면, 더 무엇을 바랄 수 있겠는가?"

(8-2)

태도와 눈빛에 모든 것이 드러난다

"나는 당신과 솔직하게 지내겠습니다"라고 굳이 말하는 사람이 있다면, 그 태도는 종종 부자연스럽고 위선적으로 보인다.

진정으로 솔직한 사람이라면, 그런 말이 필요 없다. 솔직함과 정직함은 말이 아니라 행동과 태도로 자연스럽게 드러나야 한다. 그것은 마치 연인의 눈빛에서 진심을 느낄 수 있는 것처럼, 목소리의 톤과 눈빛에 담겨야 한다.

그러나 단순함과 솔직함을 가장하면서 속임수를 감춘 태도는 위험하다. 그것은 이솝 우화에서 늑대가 양에게 가장한 거짓 우정처럼 신뢰를 배신하는 행위이다.

진정한 선량함과 호의는 눈빛과 행동에 담겨, 말하지 않아도 자연스럽게 모든 이에게 전달된다.

(11-15)

진정한 친절은 무적이다

진심에서 우러나온 친절은 그 무엇으로도 대적할 수 없다. 아무리 고집스럽고 오만한 사람이라 할지라도, 진정성이 담긴 친절 앞에서는 마음을 열 수밖에 없을 것이다. 중요한 것은, 어떤 상황에서도 꾸준히 호의적인 태도를 유지하는 것이다.

특히 상대가 너에게 나쁜 의도를 가지고 행동하려는 바로 그 순간을 기회로 삼아라. 그 사람의 잘못을 부드럽게 바로잡으면서도, 감정을 앞세우지 말고 이렇게 말하라:

"친구여, 우리 본성은 악을 행하도록 만들어지지 않았습니다. 지금 당신이 하는 행동은 나를 넘어 당신 자신에게도 해를 끼치고 있습니다. 우리 안의 본성을 되돌아보고, 진정으로 올바르고 선한 길을 선택합시다."

이처럼 상대의 잘못을 지적할 때는 비꼬거나 비난하는 태도를 피하고, 사랑과 진심 어린 조언을 담아야 한다. 이는 원망이 아닌 이해의 마음으로 접근해야 함을 의미한다.

또한, 가르치려 드는 교사의 태도로 접근해서는 안 된다. 상대방을 존중하며 대화를 나누고, 다른 사람들이 듣지 않도록 배려하는 것이 중요하다. 개인적으로 대화하며, 상대방이 스스로 깨닫도록 도와주는 방식이어야 한다. 진정한 친절은 상대의 마음에 씨앗을 심는 것이다. 그리고 그 씨앗이 자라나 열매를 맺도록 기다릴 줄 알아야 한다.

(11-18)

Meditations

하지 말아야 할 일과
말하지 말아야 할 것

적절하지 않다면 행동하지 말고, 진실이 아니라면 말하지
말라.

(12-17)

VI. 다른 사람에게 휘둘리지 마라

다른 사람에게 휘둘리지 마라

내 영혼이여, 계속 자신을 비하해라. 그러나 이제는 자신을 소중히 여길 기회를 더 이상 미루지 말아야 한다. 누구에게나 단 한 번뿐인 인생이 주어질 뿐이다. 너의 삶은 점점 끝을 향해 가고 있는데, 여전히 자신의 영혼을 돌보지 않고 다른 사람들의 평가나 생각에 행복을 기대다니, 얼마나 안타까운가! 지금이라도 스스로를 바로 세우고, 진정으로 가치 있는 것에 마음을 두어라.

(2-6)

126   초역 명상록

스스로 생각하라

스스로 생각하는 힘을 존중하라. 이 능력은 모든 것의 핵심이다. 스스로 생각하는 힘은 네 정신이 자연의 이치에 어긋나는 잘못된 관점에 빠지지 않도록 지켜준다. 또한, 신중한 판단과 타인을 향한 따뜻한 마음을 유지하게 해주며, 삶에서 마주하는 운명을 담담히 받아들이고 더 큰 질서에 순응할 수 있도록 이끈다.

(3-9)

다른 사람의 일로 걱정하지 마라

공공의 이익과 무관한 일에 너의 남은 시간을 허비하지 말라. 다른 사람이 무엇을 하고 있는지, 왜 그렇게 하는지, 무엇을 말하고 생각하며 무엇을 시도하려 하는지를 걱정하느라 자신의 소중한 시간을 낭비하지 마라. 이러한 사소한 걱정은 네가 진정으로 유용한 일에 전념하지 못하게 하며, 너의 정신을 산만하게 만들어 결국 자신에게 중요한 일에서 멀어지게 할 뿐이다.

대신 너의 정신을 지금 해야 할 일에 집중하고, 그것이 공익에 기여하는 방향으로 사용되도록 노력하라.

(3-4)

주의를 분산시키는 것을 멈춰라

너는 외부에서 오는 자극에 의해 집중력이 흔들리고 있는가? 그렇다면 스스로를 위해 시간을 내어, 진정으로 가치 있는 것을 배우도록 하라. 주의를 분산시키는 것을 멈추고, 혼란 속에서 자신을 보호하라.

올바른 방향으로 생각의 중심을 돌리지 않고 평생을 보내는 사람은, 아무리 열심히 살아도 결국 자신의 시간을 낭비하고 마는 것이다.

(2-7)

<u>Meditations</u>

자신의 마음속 움직임에
주의를 기울여라

다른 사람의 내면에서 일어나는 생각과 감정에 무관심하다고 해서 슬퍼하는 사람은 없다. 그러나 자기 자신의 내면, 즉 자신의 생각과 감정에 주의를 기울이지 않는 사람은 결국 불행해질 수밖에 없다. 자신의 내면을 이해하고 돌보는 것이야말로 진정한 평온과 행복으로 가는 길이다.

(2-8)

자신의 일을 사랑하는 것은
자연스러운 일이다

너는 아직 자신을 충분히 사랑하지 않는 것처럼 보인다. 만약 진정으로 자신을 사랑한다면, 자연을 사랑하고 자연의 원칙에 따라 생활할 것이다.

자신의 일을 사랑하는 사람들은 목욕도 식사도 잊은 채 몰두한다. 금속 세공사는 금속을 다루는 일에, 무용가는 춤에, 탐욕스러운 사람은 돈에, 출세주의자는 지위에 모든 열정을 쏟아붓는다. 그런데 너는 왜 자신의 일을 그렇게 소중히 여기지 않는가?

그들은 각자의 일에 몰두하며 잠도 식사도 잊을 정도로 열정을 쏟는다. 그런데 너는 왜 다른 사람을 돕는 일이 가치가 낮다고 생각하는가? 그것이 노력할 만한 가치가 없다고 여기는 것인가?

(5-1)

나의 길을 곧게 걸어라

그들에게 먼저 설득을 시도하라. 그들이 비록 계획에 반대 의사를 표현하더라도, 정의의 원칙이 옳다고 말한다면 그들을 설득해야 한다. 하지만 누군가가 물리적인 방해로 네 행동을 가로막으려 한다면, 방향을 바꿔라. 대신, 만족과 평온의 태도로 대응하며, 그 방해를 인내와 온화함으로 받아들이고 이를 통해 더 나은 힘을 발휘할 기회로 삼아라.

너의 계획은 항상 조건이 따르는 것이었다. 그러므로 애초부터 불가능한 일을 하려고 했던 것이 아님을 기억하라.

그렇다면 네가 진정으로 원했던 것은 무엇인가? 단지 무언가를 시도해보려는 노력 자체가 목적이 아니었는가? 그렇다면 너는 이미 그 목적을 달성한 것이다. 방향을 바꾸어야 하더라도, 너의 의도와 노력이 헛되지 않았음을 믿어라. 계획의 결과와는 별개로, 너는 이미 그 과정을 통해 목적에 도달한 것이다.

(6-50)

본래의 리듬을 되찾아라

주변 환경이 혼란스러워 마음이 흔들릴 때, 모든 것을 자신에게로 집중하여 내면의 평온을 되찾아라. 본래의 리듬을 유지하며 흔들리지 않는 중심을 찾도록 힘써라. 내면의 조화를 반복해서 되새기면 점점 더 안정적이고 강인한 마음을 가질 수 있을 것이다.

(6-11)

신념을 되살려라

내가 가겠다고 결심한 길이 흔들리고 의지가 약해지는 이유는, 그 신념을 뒷받침하는 구체적인 내용이 사라지고 추상적인 개념만 남았기 때문이다. 하지만 스스로 노력하면, 그 생각을 끊임없이 되새기고 신념의 불씨를 다시 타오르게 할 수 있다.

'나는 어떤 일에 대해서도 나만의 생각과 의견을 가질 수 있다. 만약 그게 가능하다면, 무엇이 나를 괴롭히겠는가? 타인의 생각은 나와 전혀 무관하다.'

이것을 깨달으면 너는 다시금 자신만의 신념 위에 당당히 설 수 있다. 스스로의 힘으로 다시 일어설 수 있는 것이다. 이전과 같은 시선으로 세상을 바라보고, 흔들림 없이 앞으로 나아가는 것, 그것이 진정한 회복이다.

(7-2)

누가 뭐라고 하든 나는 나다

누군가가 무엇을 하든, 무엇을 말하든 상관없이 나는 내 본
성대로 선하게 살아야 한다. 마치 금이나 에메랄드, 혹은 자주
빛 조개껍데기가 "누가 무엇을 하든, 무엇을 말하든 나는 여전
히 에메랄드로서 빛날 것이다"라고 말하듯이, 나도 본연의 가
치를 잃지 않아야 한다.

(7-15)

Meditations

자신에게만 주의를 기울여라

어떤 일이 일어날 때마다, 과거에 비슷한 상황에서 짜증을 내며 불평했던 사람들을 떠올려 보라. 그들은 지금 어디에 있는가? 그들의 불평도, 그들의 존재도 이제는 사라져버렸다.

그렇다면 왜 너는 그들과 같은 행동을 반복하려 하는가? 왜 이러한 일들을, 그것이 자연의 일부라면, 자연스러운 흐름에 맡기지 않는가? 또는 그러한 상황을 피할 수 없는 사람들에게 맡겨 두지 않는가? 너는 그러한 사건들을 받아들여 그것들을 올바르게 활용하며, 너 자신의 삶에서 선한 방향으로 나아가는 데 재료로 삼을 수 있다.

모든 사건에서 배움을 얻고, 네가 통제할 수 없는 것에 집착하기보다는, 네가 선한 사람이 되기를 바라는 것에만 전념하라.

(7-58)

다른 사람의 비난을
신경 쓰지 마라

잠에서 깨어나자마자 스스로에게 이렇게 물어보아라.

"내가 지금까지 해온 올바른 일과 선한 일이 누군가로부터 비난받는다고 해서, 그 비난이 나에게 정말로 어떤 영향을 줄 수 있는가?"

사실 비난받든 칭송받든 그것은 본질적으로 너와는 아무 상관이 없다. 다른 사람을 비난하거나 칭송하는 오만한 사람들은 침대에서도, 식탁에서도, 심지어 평범한 일상 속에서도 같은 태도를 보인다. 그들이 무엇을 하고, 무엇을 피하며, 무엇을 추구하는지, 심지어 무엇을 빼앗고 훔치고 있는지 떠올려보아라.

더욱이 그들이 그러한 행동을 단순한 신체의 움직임으로 하는 것이 아니라, 인간의 가장 중요한 부분인 정신을 사용하여, 신의(信義), 겸손, 진실, 법, 그리고 행복을 만들어낼 수 있는 능력을 남용하며 그런 일을 하고 있다는 점을 기억하라.

따라서 그런 이들의 비난이나 칭송에 전혀 흔들릴 필요가 없다. 그들의 판단이 너의 삶을 좌우하지 않음을 항상 명심하라.

(10-13)

자신의 판단을 가볍게 여기지 말라

나는 종종 스스로에게 이런 의문을 던지곤 한다. 왜 사람들은 누구보다도 자신을 사랑한다고 생각하면서, 정작 자신의 판단보다는 다른 사람들의 판단을 더 중요하게 여길까?

만약 어떤 신이나 현명한 스승이 나타나 "지금 너의 마음속에 있는 생각이나 계획 중에 큰 소리로 외칠 수 없는 것이 있다면, 그것은 품지 말라"고 명령한다면 어떻게 반응할까? 대부분의 사람은 그러한 명령이 부끄럽게 느껴져 단 하루도 견딜 수 없을 것이다.

그럼에도 불구하고 우리는 자신이 스스로에 대해 어떻게 생각하는지보다, 타인들이 자신을 어떻게 바라보는지를 더 중요하게 여기는 경향이 있다. 이 얼마나 어리석은 일인가!

(12-14)

그런 사람이라고 받아들이자

그런 성향의 사람이 그런 행동을 하는 것은 마치 무화과나무가 본능적으로 유액을 내는 것처럼 자연스러운 일이다. 그 사람에게 그렇게 하지 말라고 요구하는 것은 그 본질을 거스르라는 말과 같다.

그러나 꼭 기억해야 할 사실이 있다. 너와 그 사람은 모두 머지않아 죽음을 맞이할 것이고, 시간이 흐르면 너의 이름도, 그의 이름도 세상에서 흔적도 없이 사라질 것이다. 그러니 그러한 것들에 매달리지 말고 삶의 본질에 집중하라.

(4-6)

본인에게 깨닫게 해주면 된다

몸에서 나는 냄새나 입 냄새 때문에 누군가에게 화를 내야 할까? 그런 냄새는 그 사람의 신체적 조건에서 자연스럽게 발생하는 것일 뿐이다. 그렇다면 도대체 그 사람에게 어떻게 하라는 것인가?

어떤 이는 이렇게 말할지도 모른다. "조금만 생각하면, 다른 사람들에게 불쾌감을 줄 수 있다는 것을 스스로 알았어야지." 물론 그 말이 일리가 있다. 하지만 너에게도 이성이 있지 않은가? 그 이성을 사용하여 친절하게 그 사실을 알려주어라. 만약 그 사람이 이를 받아들인다면, 스스로 적절한 조치를 취할 것이다. 그렇다면 너는 불필요한 화를 낼 이유가 없게 된다.

(5-28)

자기 통제가 중요하다

가장 높이 평가되어야 할 것은 이성에 따라 자신을 조율하고 멈출 수 있는 능력, 즉 자기 통제다. 이는 모든 직업과 기술이 추구하는 핵심 목표이기도 하다.

와인을 만드는 농부는 포도 농사를 통해 최고의 결과를 내고자 하고, 말 조련사나 개 훈련사도 각자의 기술로 목표를 달성하려 노력한다. 젊은이의 교육이나 학문 역시 같은 원리를 따르고 있다고 할 수 있다.

이 자기 통제가야말로 가장 중요한 가치를 지닌다. 이를 제대로 이해하고 실천한다면, 그 외의 것을 군이 추구할 필요가 없다. 하지만 이 통제를 잊고 끝없이 다른 것을 추구한다면, 너는 진정한 자유를 얻지 못할 뿐만 아니라, 자신의 행복에도 만족하지 못하며 격정에 휘둘리게 될 것이다.

(6-16)

다른 사람의 실수를 용서하라

사람들이 자신에게 맞고 이로운 일을 위해 노력하는 것을
용납하지 않는다면, 그것만큼 잔인한 일도 없다.

그들이 실수했다고 화를 낸다면, 그것은 사실상 용서하지
않는 것과 같다. 왜냐하면, 사람은 본능적으로 자신에게 적합
하고 이로운 방향으로 움직이는 것이 자연스럽기 때문이다.

"하지만 그들이 틀렸잖아!"

그렇다면, 화를 내는 대신 그들에게 올바른 길을 차분히 알
려주는 것이 더 현명하지 않겠는가?

(6-27)

분노의 표정은 자연에 반한다

얼굴에 분노의 표정을 띠는 것은 자연의 이치에 어긋나는 일이다. 이러한 표정이 반복되면, 사람에게서 느껴지는 매력은 점차 사라지고, 결국 완전히 소멸되어 다시는 되찾을 수 없게 된다.

(7-24)

비슷한 사람이라고 생각하면 분노도 가라앉는다

누군가가 너에게 잘못을 저질렀다면, 그 사람이 어떤 기준과 판단에 따라 행동했는지 먼저 생각해 보아라. 그 이유를 이해한다면, 그를 동정하거나 안타까워할 수는 있어도 놀라거나 화를 내지는 않을 것이다.

왜냐하면, 선에 관한 한 너 자신도 그와 비슷한 관점을 가지고 있지 않은가? 그렇다면 그를 용서하는 것이 너의 도리일 것이다.

만약 그 잘못이 더 이상 선도 악도 아니라는 결론에 이른다면, 그 사람에게 호의적으로 행동하는 것은 너의 선택이며, 그것은 지금 당장이라도 가능하다.

(7-26)

상상력이 고통을 증대시킨다

고통을 느낄 때 자신에게 이렇게 말하라.

고통은 부끄러움을 느낄 이유가 아니며, 지성을 퇴화시키는 것도 아니다. 지성이 이성적이고 사회적이라면, 고통이 아무리 커도 그것이 지성에 영향을 미칠 수는 없다.

대부분의 경우, 에피쿠로스의 말이 도움을 줄 것이다.

"고통에는 한계가 있다. 고통을 증폭시키는 것은 우리의 상상력일 뿐이다. 고통은 결코 견딜 수 없는 것도, 영원히 지속되는 것도 아니다."

또한 다음 사실을 기억하라.

극심한 졸음, 더위, 식욕 부진 같은 불쾌한 경험들도 고통의 일종이다. 하지만 사람들은 이러한 것들을 고통으로 인식하지 않을 때가 많다.

이러한 것들에 괴로움을 느낀다면 자신에게 이렇게 말하라.

"지금 너는 고통에 굴복하고 있다."

(7-64)

---

* 에피쿠로스: 헬레니즘 시대의 고대 그리스 쾌락주의 철학자.

분노의 원인을 제거해 주어라

누군가의 잘못에 화가 난다면, 우선 스스로를 돌아보며 내가 같은 실수를 저지르고 있지 않은지 반성해야 한다. 예를 들어, 돈이나 쾌락, 명성을 지나치게 추구하며 그것들을 중요한 가치로 여기는 것 등이 잘못일 수 있다. 이러한 반성은 곧 화를 가라앉히는 데 도움이 될 것이다.

또한, 이렇게 생각해 보라. "이 사람은 지금 화를 낼 수밖에 없는 상황에 처해 있는 것이다. 그렇다면 이 사람이 어떻게 해야 할까?" 만약 내가 그 상황을 개선하거나 문제의 원인을 제거할 수 있는 능력이 있다면, 그 사람을 돕고 상황을 해결하기 위해 노력하라. 그렇게 하면 화를 품는 대신 문제를 해결하는 데 초점을 맞출 수 있다.

(10-30)

통제할 수 있는 것과
통제할 수 없는 것

문제가 생겼을 때, 그것이 네가 통제할 수 있는 것이라면 당연히 해결을 위해 노력해야 한다. 그러나 그것이 네가 통제할 수 없는 영역이라면, 누구를 탓하겠는가? 물질의 근원인 원자를 탓할 것인가, 아니면 신들을 탓할 것인가? 그것은 모두 무의미한 일이다. 아무도 탓하지 말라. 만약 문제를 해결할 수 있다면 행동하라. 문제의 원인을 바로잡거나, 상황을 개선하기 위해 노력하라. 하지만 그것이 불가능하다면, 불평하거나 누군가를 비난하는 것은 아무런 도움도 되지 않는다. 모든 행동에는 목적이 있어야 한다. 의미 없이 에너지를 낭비하지 말고, 네가 할 수 있는 일에 집중하라.

(8-17)

화를 내는 것은 약함의 표시다

올바른 이성에 따라 행동하려는 너의 앞을 방해하는 사람들이 있다면, 그들이 네가 가야 할 길을 벗어나게 할 수 없다는 사실을 기억하라. 동시에, 너 또한 그들에게 적대적이거나 자신을 몰아세우지 않도록 해야 한다. 더 나아가, 다음 두 가지를 항상 유념하라.

첫째, 네가 내린 판단과 행동이 흔들리지 않는지 점검하라. 둘째, 너를 방해하거나 귀찮게 하는 사람들에게 온화한 태도를 유지하라. 그들에게 화를 내는 것은 너의 약함을 드러내는 것이다. 이는 네가 원래 하려던 행동을 포기하거나, 두려움에 굴복하는 것과 다를 바 없다.

특히, 두려움에 빠져 주변 동료나 친구들로부터 스스로 소외되는 것은 스스로 자기 자리를 버린 탈주자와 다를 바 없는 행위임을 명심하라.

(11-9)

VII. 매일을 인생의 마지막 날처럼 살아라

결연한 자세로 서 있어라

해안에 우뚝 솟아 있는 바위처럼 굳건한 자세를 유지하라.
끊임없이 파도가 밀려와 부딪히더라도, 바위는 흔들림 없이
서 있다. 거센 파도도 결국에는 바위 주위를 돌아 잠잠해질 것
이다.

(4-49)

불운을 기품 있게 견뎌내는 것은
행운이다

"내게 이런 일이 벌어지다니, 정말 불운하구나." 이렇게 생각하지 마라. 대신 이렇게 말해라. "나는 정말 다행이다. 이런 일이 생겼지만 고통에 빠지지 않았고, 현실에 짓눌리지 않았으며, 미래를 두려워하지도 않는다."

누구에게나 이런 일이 일어날 수 있다. 하지만 이런 상황에서도 고통에서 벗어나 평정을 유지하는 사람은 드물다. 그렇다면 불운은 그런 일이 일어나는 것이 아니라, 그것을 받아들이는 태도에 달려 있지 않은가?

항상 기억하라. 어려운 일을 마주할 때, "이것은 불운이 아니다. 오히려 이 불운을 우아하고 기품 있게 견뎌내는 것이야말로 진정한 행운이다."

(4-49)

최단 코스를 달려라

항상 가장 단순한 길을 택하라. 그것이 자연에 따라 사는 길
이다. 이는 가장 건강하고 효율적인 방법으로, 꾸밈없이 목표
를 향해 나아가는 것이다. 그런 방식을 따르면 불필요한 갈등
이나 논쟁에 휘말릴 이유가 없고, 억지로 사람들의 관심을 끌
기 위해 애쓸 필요도 없다. 단순하고 자연스러운 길이야말로
삶을 평화롭게 만들어 준다.

(4-51)

<u>Meditations</u>　　　120

최고의 복수란

최고의 복수란 자신이 상대방과 같은 사람이 되지 않는 것이다.

(6-6)

지금 살아있는 사람을
칭송하라

"참으로 이상한 일이다! 지금 같은 시대를 살아가며 너와 직접 교류할 수 있는 사람들의 칭송은 대수롭지 않게 여기면서, 아직 태어나지도 않았고 앞으로도 볼 수 없을 후세 사람들의 평가를 더 중요하게 생각하다니. 이는 마치 아주 오래전에 살았던 사람들이 너를 칭송하지 않았다고 슬퍼하는 것과 무엇이 다르겠는가?"

(6-18)

인간이 할 수 있는 일은
나도 할 수 있다

비록 네게 어려운 일처럼 보일지라도, 그것이 인간으로서 불가능하다고 단정하지 마라. 만약 그것이 인간이 해낼 수 있는 일이고, 인간의 본성에 부합하는 일이라면, 너 역시 충분히 해낼 수 있을 것이라고 믿어야 한다.

(6-19)

진실을 추구해도 손해는 없다

누군가 내 판단이나 행동이 잘못되었음을 논리적으로 지적하고 설득한다면, 나는 기꺼이 그것을 고치겠다. 왜냐하면 나는 진실을 추구하고 있으며, 진실을 추구한다고 해서 손해를 본 사람은 없기 때문이다. 오히려 손해를 보는 사람은 자신의 마음을 속이고 무지 속에 머무르는 이들이다.

(6-21)

눈을 떠서 현실을
직시하라

정신을 가다듬고 자신을 되찾아라. 마치 꿈에서 깨어났을 때, 그 모든 걱정과 두려움이 단지 꿈이었음을 깨닫는 것처럼. 이제 현실로 돌아와라. 잠들기 전에 보았던 것처럼, 눈앞에 펼쳐진 이 현실을 명확한 시선으로 바라보고, 지금 이 순간을 직시하라.

(6-31)

원리와 원칙에 고수하라

숙련된 장인들은 때로는 비전문가의 의견에 맞추어 설명하기도 하지만, 자신의 기술 원리와 원칙에 대해서는 단호하다. 원리와 원칙을 무시하거나 그것에 어긋나는 일은 절대 용납하지 않는다. 건축가나 의사가 각자의 전문 영역에서 그러한 태도를 고수하는 것은 너도 알고 있을 것이다.

그런데 인간에게 가장 중요한 원리와 원칙인 이성에 대해 무책임하게 행동하는 사람이 있다면, 그것은 얼마나 이상한 일인가. 자신의 내면에 있는 이성을 존중하지 않고 그것을 따르지 않는다면, 이는 전문가가 자신의 기술 원칙을 저버리는 것만큼 어리석은 일이 아니겠는가.

(6-35)

행복은 자신의 행동에 있다

명성을 추구하는 사람은 행복이 다른 이들의 칭찬과 인정에서 온다고 믿는다. 쾌락을 좇는 사람은 행복이 자신의 감각을 통해 느끼는 즐거움에서 온다고 여긴다. 그러나 지혜로운 사람은 행복이 자신의 올바른 행동과 선택 속에 있음을 깨닫는다.

(6-51)

열중하는 내용에 따라 인간의 가치가 결정된다

　퍼레이드에 대한 무의미한 열광, 무대에서 연기되는 연극, 양떼와 가축 무리, 긴 창을 던지는 싸움, 던져진 뼈를 두고 다투는 강아지들, 연못에 던져진 빵 한 조각을 차지하려고 몰려드는 물고기들, 열심히 먹이를 옮기는 개미들, 놀라서 여기저기 뛰어다니는 쥐들, 실에 매달려 움직이는 꼭두각시 인형들.
　이 모든 모습은 인간의 행동을 비유적으로 묘사한 것이다.

　그러나 반드시 기억해야 한다. 인간의 가치는 그가 무엇에 열중하고 있는지에 따라 결정된다. 높은 뜻을 품고 집중하는 사람은 그 가치도 높아지며, 하찮은 것에 열중하는 사람은 그 가치도 낮아질 수밖에 없다.

(7-22)

잘못을 저지른 사람도 같은 인간이다

잘못을 저지른 사람들조차 사랑할 수 있는 것은 인간에게 주어진 특별한 능력이다. 이러한 관점은 다음과 같은 사실을 떠올릴 때 자연스럽게 생겨난다.

그들 역시 너와 같은 인간이며, 무지하거나 잘못된 판단으로 인해 의도치 않게 실수를 저질렀을 가능성이 크다. 또한 그들 역시 너와 마찬가지로 언젠가는 이 세상을 떠날 운명에 처해 있다.

그리고 무엇보다 기억하라. 그들의 잘못이 너의 본질적인 이성이나 내면의 평화를 손상시킨 것은 아니다. 너의 마음의 중심이 여전히 평온하고 흔들리지 않는 한, 그들은 너에게 진정한 해를 끼칠 수 없다.

(7-22)

육체도 안정되어 있어야 한다

움직일 때든, 멈출 때든 육체는 균형과 안정감을 유지해야 한다. 이는 정신이 차분하고 명료한 상태를 얼굴에 자연스럽게 드러내는 것처럼, 육체 역시 자연스럽고 조화로운 태도를 유지해야 한다는 의미다. 그러나 이 모든 것은 강요되거나 부자연스러운 방식이 되어서는 안 된다. 육체와 정신 모두에서 자연스러운 안정과 균형을 지향하라.

(7-60)

어떤 상황에서도
냉정을 유지하라

비록 세상이 너에게 소리치고, 혹은 야수가 너의 몸을 공격하려 해도, 충동에 휩쓸리지 않고 차분한 마음을 유지하라. 이런 상황에서도 정신은 평온을 유지할 수 있다면, 주변에서 일어나는 상황을 정확히 판단하고, 그 상황을 적절히 대처할 준비를 방해할 것은 없다.

어떤 일이 닥치더라도 이렇게 생각하라.
"비록 다른 사람들의 눈에는 다르게 보일지라도, 이것이 나의 본질이다."
너에게는 어떤 환경 속에서도 본질을 판단하고 유지할 수 있는 힘이 있다.

(7-68)

매일을 인생의 마지막 날처럼
살아라

완전한 인격이란 감정에 휘둘리지 않고, 무관심하지 않으며, 가식적으로 행동하지 않는 것이다. 이것은 매일을 인생의 마지막 날처럼 진심으로 살아가고, 주어진 순간에 충실함으로써 또한 완성된다.

(7-69)

정신적인 여유가 중요하다

독서할 시간이 없다면, 자신이 나태해지고 있지는 않은지 점검해 보아라. 그리고 쾌락이나 고통을 뛰어넘어 내적 여유를 유지하도록 노력하라. 명성에 집착하는 마음이나, 배은망덕하고 어리석은 사람들로 인해 짜증을 내는 것을 멈출 수 있다. 더 나아가, 그들의 문제를 이해하고 도와줄 수 있는 관대함까지 가질 수 있을 것이다.

(8-8)

쾌락은 유익하지도 선하지도 않다

후회란 자신에게 유익했던 것을 놓쳤을 때 느끼는 자책감과 같다. 유익한 것은 곧 선한 것이며, 선한 사람은 그것을 얻기 위해 노력한다. 하지만 그런 사람은 쾌락을 거부했다고 해서 후회하지 않는다. 왜냐하면 쾌락은 본질적으로 유익하지도, 선하지도 않기 때문이다.

(8-10)

너는 무엇을 위해 태어났는가?

모든 존재에는 고유의 목적이 있다. 말이나 포도나무 같은 자연의 존재들조차 각각의 역할과 목적을 지니고 있다. 이는 결코 놀랄 일이 아니다. 심지어 태양조차도 '나는 내 역할을 다하기 위해 존재한다'라고 말할 것이다. 다른 신들 역시 자신들의 목적을 인정할 것이다.

그렇다면 너는 무엇을 위해 태어났는가? 단순히 쾌락을 위해 태어난 것인가? 이 질문을 스스로에게 던지고, 네 삶의 진정한 목적이 무엇인지 깊이 성찰해 보아라.

(8-19)

오늘 할 수 있는 일을 미루지 마라

의견이든, 행동이든, 말이든 눈앞에 있는 일에 집중하라. 오늘 당장 선한 사람이 되기를 결심하지 않고, 내일로 미루려 한다면 그로 인해 어려움을 겪게 되는 것은 당연하다.

(8-22)

VIII. 자신의 길을 똑바로 나아가라

자신의 인생을 만드는 데 방해물은 없다

너는 행동 하나하나를 통해 자신의 인생을 스스로 만들어가야 한다. 각 행동을 인생이라는 큰 목표의 일부로 삼고, 그 방향에 맞춰 신중하게 실행한다면 만족스러운 삶을 살 수 있을 것이며, 아무도 너를 방해할 수 없다.

"하지만 외부에서 방해가 들어오면 어떻게 해야 하지?" 걱정하지 마라. 네가 올바르고 착실하며 신중하게 행동한다면, 너를 진정으로 방해할 수 있는 것은 아무것도 없다.

"하지만 어떤 행동이 실제로 방해를 받게 된다면?" 물론, 그런 상황이 있을 수 있다. 그럴 때는 그 방해를 기꺼이 받아들이고, 다른 길로 전환하라. 허용된 다른 행동으로 방향을 바꾸면, 바로 그 순간 너의 인생 목표에 부합하는 새로운 행동이 눈앞에 나타날 것이다.

그러니 걱정하지 마라. 방해는 단지 너를 더 나은 선택으로 이끄는 계기일 뿐이다.

(8-32)

집착하지 말고 과감히 놓아 주어라

오만하지 않게 받아들이고, 과감히 내려놓을 준비를 갖추어
라.

(8-33)

남이 싫어하는 일은 자신에게도
하지 마라

<u>스스로</u>를 괴롭히는 것은 옳지 않다. 왜냐하면 나는 언제나 다른 사람에게 고통을 주지 않기 위해 노력해왔기 때문이다.

(8-42)

다른 사람에게
친절을 베푸는 것은 기쁨이다

사람마다 각기 다른 방식으로 기쁨을 느낀다. 하지만 나에게 있어 진정한 기쁨은 이렇다. 내 정신의 중심인 이성이 건강하게 유지되고, 다른 사람을 미워하거나 등을 돌리지 않으며, 그들에게 일어나는 일에 무관심하지 않고, 모든 것을 따뜻한 마음으로 받아들이고 존중하는 것이다. 또한 각 사물과 사람을 그들의 고유한 가치에 따라 활용하고 조화롭게 받아들이는 것, 그것이 바로 나에게 기쁨을 가져다준다.

(8-43)

<u>Meditations</u>

나쁜 행위는 자신에 대한 불의이다

나쁜 행동을 하는 사람은 사실 자신에게 해를 끼치는 것이다. 불의를 저지르는 사람은 자신의 본성을 손상시키고 타락시키는 것이므로, 결국 자신에게 불의를 행하는 것이다. 또한, 어떤 행동을 함으로써 불의를 저지르는 경우뿐만 아니라, 필요한 행동을 하지 않아서 불의를 범하는 경우도 있다.

(9-5)

실수를 저지른 사람에게
관대하라

만약 네가 실수한 사람에게 조언을 줄 수 있다면, 기꺼이 가르침을 주어라. 하지만 네가 그것을 할 수 없는 상황이라면, 너그러움을 잊지 말아야 한다. 신들조차도 그런 사람들에게 관대하며, 그들에게 건강, 재산, 명예를 베푸는 자비로움을 보여준다. 신들의 이러한 관대함을 본받아 너도 그렇게 할 수 있을 것이다. 그리고 누가 너의 이 관용을 방해할 수 있겠는가?

(9-11)

어떤 일에도 흔들리지 않는
마음을 가져라

자신의 외부에서 일어나는 일에 흔들리지 말고, 자신의 내면에서는 항상 공정함을 유지하라. 너의 의지와 행동은 사회적 가치를 실현하는 데 초점을 맞추어야 한다. 왜냐하면 너는 본래 사회를 위해 행동하도록 설계된 존재이기 때문이다.

(9-31)

인간의 한계를 넘어서기 위해 신들에게 기도하라

신들에게 힘이 없다는 것인가, 아니면 힘이 있다는 것인가? 선택지는 둘 중 하나일 것이다. 만약 신들에게 힘이 없다면, 왜 신들에게 기도하는가? 만약 힘이 있다면, 다음과 같이 기도하지 않는 이유는 무엇인가?

"나쁜 일이 일어나지 않게 해 주세요"나 "좋은 일이 일어나게 해 주세요"라고 기도하기보다,

"내가 두려워하는 것을 더 이상 두려워하지 않게 해 주세요,"

"내가 원했던 것을 더 이상 원하지 않게 해 주세요,"

"어떤 일이 일어나더라도 슬퍼하지 않게 해 주세요"라고 기도하는 것이 더 현명하지 않은가?

만약 신들이 인간을 도울 수 있다면, 이런 소망은 틀림없이 이루어질 것이다. 그러나 누가 "내가 스스로 할 수 있는 일은 신들이 도와주지 않는다"고 말했는가?

그러니 한 번 기도해 보라. 그러면 그 기도의 결과가 무엇인지 분명히 알게 될 것이다.

(9-40)

아무도 너의 정신에 해를
끼칠 수 없다

길을 잃은 사람들은 가르침을 통해 올바른 행동으로 돌아갈 수 있다. 잘못을 저지르는 사람들은 모두 방향을 잃고 방황하고 있기 때문이다. 그러나 그들의 잘못이 너에게 실제로 어떤 피해를 끼쳤는가? 화를 내는 사람들 중 누구도 너의 내면 깊은 정신을 손상시킬 수는 없다.

진정한 해는 외부에서 오는 것이 아니다. 해악은 오직 너의 정신 속에서만 존재할 수 있다. 그러므로 외부의 잘못에 휘둘리지 말고, 자신의 내면의 평화를 유지하라.

(9-42)

은혜를 모르는 사람을 탓하기 전에
자신을 돌아보라

선과 악을 분별하지 못하는 무지한 사람이 저지른 일에 대해 그것이 얼마나 이상하거나 새로운 일일 수 있겠는가? 오히려 그 사람이 그런 방식으로 실수를 저지르는 것을 예상하지 못한 자신의 태도야말로 비난받아야 한다고 생각해보라. 이성이라는 힘을 가지고 있음에도 불구하고 그것을 잊고 실망하거나 놀랐다면, 그에 대해 먼저 반성해야 한다.

누군가를 불성실하다거나 은혜를 모른다고 비난할 때는 먼저 자신을 돌아보아야 한다. 그 사람에게 과도한 기대를 품었던 자신에게도 책임이 있을 수 있다. 왜냐하면 그 사람이 약속을 지킬 것이라고 신뢰한 것은 본인의 선택이었고, 은혜를 베푼 것으로 이미 만족해야 할 일이었다. 그러나 보답이나 감사의 표현을 기대했다면, 그 기대 자체가 실망의 원인이 되었을 것이다.

(9-42)

인간은 견딜 수 있도록
태어났다

세상에서 일어나는 모든 일은 본래 네가 견딜 수 있는 것이 거나, 그렇지 않은 것 중 하나일 것이다. 만약 그것이 본래 견딜 수 있는 것이라면, 불평하지 말고 담담히 받아들여라. 반대로, 본래 견딜 수 없는 일이라면, 불평할 필요조차 없다. 왜냐하면, 그런 고통이 끝내 네가 감당할 수 없는 수준에 이르면, 너는 이미 그 고통에서 벗어나 있을 것이기 때문이다.

또한 다음을 기억하라. 네가 어떤 일을 자신에게 이롭다고 판단하거나, 반드시 해야 할 의무라고 생각한다면, 그에 대한 고통도 스스로 견딜 수 있는 것으로 만들어낼 수 있다. 이런 이유로 너는 애초에 고통을 이겨낼 수 있도록 태어난 존재다.

(10-3)

좋은 평판을 저버리지 말라

선한 사람, 겸손한 사람, 정직한 사람, 신중한 사람, 협력적인 사람, 마음이 넓고 큰 사람. 네가 이런 이름으로 불린다면, 그 이름에 걸맞은 행동을 잃지 않도록 주의해야 한다. 만약 실수로 그 이름에 어울리지 않는 행동을 했다면, 즉시 자신의 행동을 바로잡아 그 이름을 되찾아야 한다.

"신중한 사람"은 개별 사물을 세심한 주의와 집중으로 있는 그대로 이해하려는 사람이다. "협력적인 사람"은 자신에게 주어진 역할을 자발적이고 진심으로 받아들이는 사람이다. "마음이 넓고 큰 사람"은 지성이 육체적 쾌락이나 고통을 넘어서는 사람이며, 더 나아가 명성이나 죽음과 같은 모든 외부 조건을 초월한 사람이다.

네가 이러한 이름에 어울리는 사람이 되기 위해 노력하고, 다른 사람들에게 그렇게 불리기를 바라지 않는다면, 결국 너는 다른 인생을 선택하며 다른 사람이 될 것이다.

(10-8)

자신감을 가지고 자연스럽게 임하라

삶에는 유희, 갈등, 두려움, 무기력, 속박과 같은 다양한 번거로움이 끊임없이 찾아와, 네가 지금까지 쌓아온 소중한 신념을 조금씩 흔들고 사라지게 만들려 할 것이다.

이런 상황을 극복하기 위해서는, 무엇을 보고 무엇을 하든 다음의 원칙을 따라야 한다. 해야 할 일은 실용적이고 효율적으로 처리하되, 동시에 사고력을 발휘하며 깊이 있는 판단을 내려야 한다. 그리고 지식에서 비롯된 자신감을 잃지 않도록 하라. 단, 그 자신감을 과시하거나 억지로 숨기지 말고, 자연스럽게 드러내는 태도를 유지해야 한다.

(10-9)

자신의 길을 똑바로 나아가라

스스로 무엇을 해야 할지 판단할 수 있는 힘이 있다면, 충분히 생각하고 명확한 결론에 도달하라. 만약 답이 명확하다면, 망설이지 말고 자신만의 길을 똑바로 나아가라. 그리고 이미 내린 결정을 되돌아보지 말라.

반대로, 명확한 결론에 도달하지 못한다면 잠시 멈추어라. 시간을 가지고 상황을 검토하며, 믿을 만한 조언을 구하라.

만약 길을 가는 중에 장애물이 나타난다면, 상황이 허락하는 한 올바른 원칙을 지키며 신중하게 앞으로 나아가라. 상황이 허락하지 않는다면, 필요한 만큼 유연성을 발휘하되 항상 자신의 신념을 지키는 자세를 잃지 말라.

(10-12)

쓸데없는 말 대신 실천하라

좋은 사람이란 어떤 사람이어야 하는지 더 이상 논의할 필요가 없다. 불필요한 말로 시간을 낭비하지 말고, 그저 좋은 사람이 되기 위해 행동하면 된다.

(10-16)

모든 장애를 활용하라

모든 장애는 오직 육체에만 영향을 미칠 뿐이다. 장애를 피하려는 잘못된 생각이나, 이성이 스스로 장애에 굴복하는 경우를 제외하고는, 이성이 그로 인해 손상되거나 해를 입는 일은 없다. 만약 이성이 장애로 인해 영향을 받았다면, 그 즉시 상태가 악화되었을 것이다.

구조물은 장애를 만나면 손상되지만, 이성을 가진 인간은 다르다. 인간은 장애를 올바르게 받아들이고 활용함으로써 오히려 더 강해지고 성숙될 것이다. 이성의 힘은 장애를 극복하고, 그것을 자신의 성장과 도약의 계기로 삼을 때 빛을 발한다.

(10-33)

왜 나는 이것을 하는가?

누군가가 어떤 행동을 할 때, 스스로에게 이렇게 물어보는 습관을 들여라. '저 사람은 왜 이런 일을 하고 있는가?' 하지만 이 질문은 타인에게만 적용되지 않는다. 가장 먼저 자신에게 물어야 한다. '나는 왜 이 일을 하고 있는가?' 자신의 동기를 파악하는 것은 타인의 행동을 이해하는 첫걸음이며, 더 나은 선택을 하는 데 도움을 준다.

(10-37)

사회를 위한 일 자체가 보상이다

나는 사회를 위해 어떤 기여를 했는가? 만약 그것이 있었다면, 이미 내 내면에 충분한 보상을 받은 셈이다. 이 사실을 늘 기억하며, 선행을 멈추지 말라.

(11-4)

같은 나무에서 자랐어도, 원칙은 달라도 괜찮다

"같은 나무에서 자랐지만, 각 가지의 역할과 원칙은 다를 수 있다." 나무에서 잘려나간 한 가지는 나무 전체와 자연스럽게 연결된 관계를 잃는다. 사람도 마찬가지다. 한 사람이 이웃과 멀어지고 인간 사회에서 스스로를 고립시키면, 전체 공동체와 분리될 수밖에 없다.

나무의 가지는 정원사의 손에 의해 잘리지만, 인간은 자신의 의지로 이웃과 단절을 선택한다. 이 과정에서 자신이 사회로부터 얼마나 멀어졌는지조차 깨닫지 못하는 경우가 많다. 하지만 이러한 단절이 반복되면, 다시 사회와 연결되는 것은 점점 더 어려워진다.

원래 나무와 함께 자라며 자연스럽게 공존하던 가지와, 후에 접붙여진 가지는 같을 수 없다. 서로 다른 원칙과 환경에서 자라난 두 가지는 결국 서로 다른 결과를 만들어낸다. 이것이 자연의 교훈이다. "같은 나무에서 자랐지만, 원칙은 달라질 수 있다."

(11-8)

마음속에 불만을 품지 말라

누군가 나를 경멸한다면, 그것은 그 사람의 문제일 뿐이다. 나는 단지 사람들 앞에서 경멸받을 만한 행동이나 말을 하지 않도록 최선을 다할 것이다. 누군가가 너를 싫어한다고 해도 그것 역시 그 사람의 문제다. 나는 모든 사람에게 친절하고 호의적으로 대하며, 필요하다면 그 사람의 잘못을 지적할 준비가 되어 있어야 한다. 하지만 그 방식은 비난이나 적대적인 태도가 아닌, 참을성과 솔직함, 그리고 관대한 마음으로 이루어져야 한다.

항상 자신의 마음을 이러한 태도로 유지하라. 그리고 불만이나 불평을 품지 말고, 신들에게도 이런 감정을 보여서는 안 된다. 자신이 통제할 수 있는 것은 자신의 태도와 행동뿐임을 기억하라.

(11-13)

나쁜 일을 하는 사람을
무시하지 말라

나쁜 사람이 다른 사람에게 해를 끼치지 않기를 기대하는 것은 터무니없는 일이다. 이는 본성에 반하는 것을 요구하는 것과 같다. 나쁜 사람이 그 본성대로 행동하지 않는 것을 바라는 것은 불가능한 일을 바라는 것이며, 그 행동이 자신에게만 미치지 않기를 바라는 것은 스스로를 예외로 여기려는 터무니없는 오만에 불과하다. 이런 태도는 마치 폭군이 자신의 욕망만을 강요하며 세상을 바꾸려 하는 것과 다를 바 없다.

(11-18)

인생의 목적을 명확히 하라

삶에 명확한 목적이 없다면 일관된 삶을 살 수 없다. 하지만 단순히 목적을 가지는 것만으로는 부족하다. 그 목적이 어떤 방향으로 설정되어야 하는지 분명히 해야 한다. 세상의 모든 일이 무엇이 선한지에 대해 보편적인 합의가 있는 것은 아니다. 그러나 공통된 이해관계, 특히 공동체와 사회의 이익을 위한 목적에 대해서는 예외이다.

따라서 우리가 추구해야 할 목적은 개인적 이익을 넘어 사회적이고 공통된 목표여야 한다. 모든 의지와 행동을 이러한 목적에 맞춘다면, 그 사람의 삶은 일관성을 유지하며, 진정한 의미에서 조화로운 삶이 될 것이다.

(11-21)

자신이 서투른 일도
익숙해지도록 하라

비록 처음에는 불가능해 보이는 일일지라도, 익숙해지는 것
이 중요하다. 평소 오른손을 주로 쓰는 사람이라면 왼손이 서
툴게 느껴질 것이다. 하지만 말을 탈 때 고삐를 잡아본 사람은
알 것이다. 자주 사용하지 않는 왼손이 오히려 오른손보다 더
능숙하게 고삐를 잡고 있을 것이다. 이는 단순히 왼손이 그 역
할에 익숙해졌기 때문이다.

(12-6)

마지막 순간까지 빛나도록 하라

등불의 불꽃은 올리브유가 다할 때까지 계속 빛을 낸다. 그런데 너의 내면에 있는 진리, 정의, 자제심은 너의 삶이 끝나기 전에 먼저 사라질 수 있다는 말인가?

(12-15)

전심전력으로 정의를 행하라

불안 없는 삶을 살고자 한다면, 개별 사물에 대해 그것이 어떤 원인으로 만들어졌는지 깊이 관찰하라. 모든 현상과 사건이 어디에서 비롯되었는지 이해하려 노력하라. 그리고 온 마음을 다해 정의를 실천하고 진실을 말하라.

선한 일을 끊임없이 행하는 것은 인생의 기쁨을 깨닫게 한다. 결국, 인생에서 남는 것은 이러한 기쁨뿐이다.

(12-29)

IX. 죽음을 생각하라

명성은 허무하다

　명성을 얻고자 하는 욕망이 너를 괴롭히는가? 그렇다면 모든 것이 얼마나 빨리 잊혀지는지 생각해보라. 과거와 미래라는 끝없는 심연 속으로 모든 것이 사라지는 것을 지켜보라. 사람들의 환호가 얼마나 허무한지, 칭송을 가장하는 사람들의 마음이 얼마나 쉽게 변하는지, 그리고 그들이 얼마나 경솔한지를 되돌아보라.

　게다가 명성이 영향을 미치는 범위는 얼마나 좁은가? 지구 전체가 우주에서 하나의 작은 점에 불과하고, 그중에서도 사람이 살지 않는 지역이 대부분이다. 그렇다면 그 적은 수의 사람들 중 과연 몇이나 너를 기억하거나 칭송할 것인가?

　이 모든 것을 깨닫는다면, 명성을 향한 집착이 얼마나 의미 없는지 알게 될 것이다.

(4-3)

죽음 후의 명성은
무의미하다

죽음 이후의 명성에 집착하는 사람은 자신뿐만 아니라 자신을 기억하는 사람들 역시 언젠가는 모두 사라질 것이라는 사실을 간과한다. 명성은 마치 다음 주자에게 불꽃을 전달한 후 꺼져버리는 횃불 릴레이와 같다. 칭송받는 동안에도 명성은 점차 사라지고, 결국 그것을 기억하는 이들의 기억도 소멸한다.

설사 기억하는 사람들이 죽지 않고 그 명성이 끝없이 이어진다고 가정하더라도, 그것이 너에게 어떤 의미가 있을까? 이미 죽은 사람에게는 아무런 의미가 없기 때문이다. 더구나 지금 살아 있는 사람들의 칭송이란 무엇인가? 만약 그것이 정말로 가치 있는 것이라면, 그 칭송이 너의 삶에 실질적으로 어떤 도움을 주는지 곰곰이 생각해보라.

너는 지금 자연이 준 현재의 선물을 거부한 채, 미래에 자신에 대해 누군가가 말할지도 모르는 어떤 것에 집착하고 있다. 그러나 과연 그 집착이 너에게 무엇을 가져다줄 수 있는지 스스로 물어보아야 한다.

(4-19)

죽으면 이름조차 남지 않는다

머지않아 너는 재와 뼈로 돌아갈 것이다. 기껏해야 이름만 남거나, 이름조차 남지 않을 수도 있다. 이름이라는 것도 결국 소리와 울림에 지나지 않는다. 우리가 인생에서 가치 있다고 여기는 것들은 결국 허무하고, 시간이 지나면 썩어 없어지며, 본질적으로는 하찮은 것이다. 사람들은 때로 장난치며 다투는 강아지처럼, 웃다가 울며 싸우는 어린아이들처럼 살아간다.

신의와 겸손, 정의와 진리는 이미 이 세상에 존재하지 않는 것이라고 말한다. 그런데 너는 왜 여전히 여기에 머물러 있는가? 우리의 오감으로 포착되는 것은 덧없고 변하기 마련이다. 게다가 감각 기관은 둔감하여 잘못된 생각을 받아들이기 쉽다. 영혼은 단순히 피에서 발산된 기체에 불과한가? 그렇다면, 이런 세상에서 명성을 얻는다는 것이 과연 어떤 의미를 가질 수 있을까?

(5-33)

순식간에 잊혀질 것이다

모든 일이 잊혀지는 날이 머지않았다. 모든 사람에게서 네
가 잊혀지는 날도 머지않았다.

(7-21)

명성은 바닷가의 모래성
같은 것이다

명성에 대해 곰곰이 생각해보라. 명성을 추구하는 사람들의 마음이 무엇을 향하고 있는지, 그들이 정말로 무엇을 얻고 싶어 하는지 살펴보라. 또한, 그들이 무엇을 피하려 하는지도 주의 깊게 관찰하라.

그리고 이렇게도 생각해보라. 바닷가에서 아이들이 만든 모래성처럼, 우리 삶에서도 후에 일어난 일이 쌓이고 쌓여 처음의 일들이 가려지고 보이지 않게 된다. 결국, 명성이라는 것도 시간의 흐름 속에서 쌓이는 또 다른 모래일 뿐이다.

(7-34)

현재를 자신에게 선물하라

지금 이 순간, 현재라는 시간을 스스로에게 선물하라. 죽음 이후의 명성을 좇는 사람은 한 가지 중요한 사실을 잊고 있다. 후세 사람들도 지금 살아 있는 사람들과 마찬가지로 불완전하며, 때로는 견디기 힘든 존재라는 점이다. 더불어 그들 역시 언젠가는 우리와 함께 사라질 운명을 맞이한다는 사실을 간과하고 있다.

미래의 사람들이 너에 대해 어떤 평가를 내리든, 그것이 너에게 무슨 실질적인 의미가 있겠는가? 결국, 너의 삶은 오직 현재 속에서 존재한다는 것을 잊지 말라.

(8-44)

우리를 이끄는 것은
철학뿐이다

인생은 찰나의 순간과 같다. 물질은 끊임없이 변하고, 감각은 점차 둔해지며, 육체는 쇠퇴하고 부패한다. 영혼은 불안정하게 떠돌아다니고, 운명은 예측할 수 없으며, 명성은 잠깐 머물다 사라진다. 요컨대, 육체는 흐르는 강물과 같고, 영혼은 스쳐 지나가는 꿈과 안개와 같다. 삶은 끝없는 전투이며, 우리가 잠시 머무는 나그네의 여정일 뿐이다. 죽음 이후의 명성조차 결국은 망각 속에 묻히게 된다.

그렇다면 무엇이 우리를 이끌고 보호할 수 있을까? 그것은 바로 철학이다. 철학은 우리의 내면의 힘을 손상되지 않도록 지켜주고, 변화와 무상함 속에서도 안전한 안식처를 제공한다.

(2-17)

인생은 짧다

몸을 들여다보고 그것이 본질적으로 무엇인지 깊이 생각해 보라. 인간은 나이를 먹으며 어떤 모습으로 변하고, 병에 걸리면 어떤 상태가 되며, 죽고 나면 어떻게 사라지는지를 이해하라. 칭송하는 사람도, 칭송받는 사람도, 기억하는 사람도, 기억되는 사람도 모두 결국 짧은 시간을 살다 떠나는 존재일 뿐이다.

게다가, 우리가 사는 이 세상의 일들은 모두 작은 한 부분에 불과하다. 이곳에서도 사람들은 서로 의견이 다르고, 심지어 스스로와도 일치하지 않는다. 나아가, 지구 전체마저도 광활한 우주 속에서는 하나의 점에 지나지 않을 뿐이다.

(8-21)

죽음을 두려워하는 것은
아이들뿐이다

죽음이란 무엇인가? 죽음을 단순히 추상적으로 바라보고, 그것에서 떠오르는 모든 연상을 논리적으로 분석해 보라. 그러면 죽음이 자연의 과정 중 하나일 뿐이라는 것을 이해할 수 있을 것이다. 더 나아가, 죽음은 필수적인 자연의 일부다. 따라서 죽음을 두려워하는 것은 어른다운 이성적 태도가 아니라, 마치 아이들이 무서운 것을 상상하며 두려워하는 것과도 같다.

(2-12)

언제 죽어도 큰 차이는 없다

"너는 내일 죽을 것이다. 아니, 어쩌면 모레 죽을 수도 있다." 이런 말을 들었다고 상상해보라. 만약 네가 최소한의 용기를 가진 사람이라면, 그것이 내일이든 모레이든 큰 차이는 없다고 생각할 것이다.

따라서, 몇 년 후에 죽는 것과 내일 죽는 것 사이에도 그리 큰 차이는 없다. 결국 중요한 것은 얼마나 오래 사느냐가 아니라, 남은 시간을 어떻게 살아가느냐다.

(4-47)

생명 있는 자는 결국 죽는다

다음과 같은 사실을 항상 기억하라. 얼마나 많은 의사들이 환자에게 죽음이 다가왔음을 알리고는 자신도 결국 죽음을 맞이했는가. 얼마나 많은 점성술사들이 다른 사람의 죽음을 과장되게 예언했지만 자신도 죽음을 피하지 못했는가. 얼마나 많은 철학자들이 죽음과 영원한 삶에 대해 길게 논의했으나 결국 자신도 죽었는가. 얼마나 많은 영웅들이 전쟁에서 수많은 사람들을 살해한 뒤 자신도 죽음을 맞이했는가. 그리고 얼마나 많은 폭군들이 마치 죽음을 초월한 듯 행동하며 다른 이들의 생명을 좌지우지하고 권력을 휘두른 뒤 결국 자신도 죽음을 피하지 못했는가.

이뿐만 아니라, 폼페이처럼 화산 폭발로 완전히 소멸된 도시들을 생각해 보라. 역사를 돌아보면 이와 같은 일들은 셀 수 없을 만큼 많다.

(4-48)

인생을 만족하며 마무리하라

네가 알고 있는 사람들이 하나둘 세상을 떠나는 모습을 떠올려 보라. 누군가를 매장한 사람이 죽고, 또 다른 누군가가 그를 매장한다. 이 모든 일은 단지 순간적으로 일어나는 사건에 불과하다. 인간이라는 존재가 얼마나 덧없고, 하찮은지를 깊이 생각해 보라. 어제는 단지 생명의 씨앗에 불과했던 존재가, 내일은 미라가 되거나 재가 되어 사라진다.

이 짧은 삶을 자연의 질서에 따라 걸어가며, 인생이라는 여정을 평온하고 만족스럽게 마무리하라. 마치 익은 올리브 열매가 자신을 키워준 자연과 나무에 감사하며, 그 품에서 조용히 떨어지는 것처럼 말이다.

(4-48)

죽음도 인생의 하나의 행위다

네가 맡은 의무를 다하고 있다면, 춥거나 덥거나, 피곤하거나 충분히 쉬었거나, 나쁘게 평가받거나 칭송받는 상황에서도, 심지어 죽음을 앞두고 있더라도 그 외의 다른 조건은 중요하지 않다. 죽음 역시 인생에서 수행해야 할 하나의 행동이다. 격언에서 말하듯, 죽음 또한 "지금 하고 있는 일을 최선을 다해 마무리하는 것"으로 충분하다.

(6-2)

죽음을 환영하라

죽음을 경멸하지 말고, 자연스럽게 받아들여라. 죽음도 젊음, 노화, 성장, 성숙, 치아가 나고 머리카락이 희어지는 것처럼 자연의 일부이다. 성교, 임신, 출산과 같은 인생의 다른 자연적 과정과 마찬가지로, 죽음 역시 자연의 한 활동이다.

그러므로 죽음에 대해 무관심하지 않으면서도, 지나치게 두려워하거나 조급해하지 말라. 죽음을 자연의 일부로 여기며 차분히 기다리는 것이 사려 깊은 사람다운 태도이다. 마치 아이가 어머니의 뱃속에서 태어나는 것을 준비하듯, 너의 영혼이 육체라는 그릇에서 벗어날 준비를 하는 것이 자연스럽다.

(9-3)

죽음과 화해하라

평범하지만 깊은 울림을 주는 처세술을 원한다면, 죽음을 준비하며 다음을 생각해 보아라. 떠나며 남겨질 것들과 더 이상 얽히지 않을 사람들에 대해 곰곰이 생각하라. 그러나 그들에 대해 분노하거나 미워할 필요는 없다. 오히려 이해와 배려로 그들을 바라보고, 평온한 마음으로 받아들이는 것이 너의 의무다.

하지만 신념과 가치를 공유했던 사람들과의 이별은 또 다른 이야기가 될 수 있다. 함께 나누었던 믿음과 유대감을 떠올리며, 그들과 헤어짐이 아쉽고 쉽지 않을 수 있다. 그러나 살아가는 동안에도 서로 다른 견해와 갈등으로 불편했던 순간들을 떠올려 보아라. 그러한 기억들 속에서도 너는 스스로에게 이렇게 말하게 될지도 모른다.

'죽음이여, 어서 오라. 내가 그들처럼 변하기 전에.'

(9-3)

죽음은 인생의 이행기와 같다

활동이 끝나거나 어떤 결론에 도달해 판단이 멈추는 것은, 어떤 면에서는 죽음과 같을 수 있다. 그러나 죽음은 그 자체로 나쁜 것이 아니다. 인생의 단계를 하나씩 살펴보라. 유년기를 지나 소년기로, 다시 청년기를 지나 중년기로 이행하며 우리는 끊임없이 변화한다. 각 단계로 넘어가기 전의 전환점은 마치 작은 죽음과도 같다. 그렇다면, 정말로 두려워할 이유가 있는가?

지금까지의 삶을 돌아보라. 할아버지와 함께 보낸 날들, 어머니와 함께 보낸 시간들, 양아버지와 함께했던 순간들. 이 모든 기억 속에서 얼마나 많은 변화와 전환이 있었는지 생각해보라. 그리고 스스로에게 이렇게 질문하라. "정말로 두려울 것이 있는가?"

인생 전체가 완결되는 것, 혹은 어느 순간 중단되거나 변화하는 것 모두가 자연스러운 흐름이다. 이 모든 것은 전혀 두려워할 필요가 없다. 그것이 삶의 일부이기 때문이다.

(9-21)

---

* 양아버지 : 마르쿠스 아우렐리우스는 3세 때 친부를 잃고, 후에 황제가 된 안토니누스 피우스의 양자가 되었다. 성인이 된 후에는 그의 딸과 결혼했다.

모든 것은 소멸한다

네가 눈앞에 보는 모든 것은 순식간에 사라져 버린다. 그리고 그것을 바라보던 사람들 역시 같은 운명을 맞이한다. 오랜 세월을 살다 가는 사람도, 어린 나이에 생을 마감한 아이와 본질적으로 다르지 않다.

(9-33)

죽음도 자연에 맞는 일이다

　어떤 죽음이라도, 죽음의 순간 주변에는 마음속으로 그 죽음을 반기는 사람이 몇 명은 있게 마련이다. 이는 진실하고 현명한 사람의 임종에서도 다르지 않다. 그러므로 임종의 순간에는 다음을 떠올리며 평온하게 세상을 떠날 수 있을 것이다.

　"나는 이런 인생을 뒤로하고 떠나는 것이다. 내가 노력하고, 기도하고, 마음을 쓰던 동료들조차 내가 떠남으로 인해 무엇인가 얻을 수 있기를 바라고 있을 것이다."

　하지만 그렇다고 해서 그들에게 원망이나 서운함을 품고 떠나서는 안 된다. 평소와 마찬가지로, 자비롭고 온화한 마음으로 친구처럼 대하며, 평온한 태도를 끝까지 유지하라. 떠나는 영혼은 마치 나비가 고치에서 빠져나와 자유롭게 날아가는 것처럼, 고요히 이별해야 한다.

(10-36)

수명을 다하는 것은
나쁜 일이 아니다

어떤 행동이든 정해진 때가 되어 끝난다고 해서 그 행동이나 이를 수행했던 사람이 해를 입는 것은 아니다. 마찬가지로 우리의 삶이라는 일련의 행동들이 정해진 시점에서 마무리된다 해도, 그것이 나쁜 일일 수 없다. 오히려 그것은 자연스러운 이치이며, 삶을 끝내는 그 주체에게도 해가 되지 않는다.

'정해진 때'란 노년처럼 자연스럽게 다가오는 한계를 뜻한다. 우주는 자신을 구성하는 모든 부분을 끊임없이 변화시키고 교체하며, 이를 통해 늘 새롭고 활기를 유지한다. 이 변화는 전체에 유익을 끼치기에, 언제나 아름답고 시의적절하다.

따라서 모든 생명에게 있어 인생의 끝, 즉 죽음은 자연의 일부이며 결코 나쁜 일이 될 수 없다. 이는 우주의 법칙에 따라 이루어진 아름답고 조화로운 순리. 우주와 조화를 이루며 살아가는 사람은 자신의 삶의 끝 또한 자연스럽고 선한 것으로 받아들인다. 이런 삶을 사는 자야말로 신성에 따라 사는 사람이라 할 수 있다.

(12-23)

몇 년을 살아도 백 년을 살아도 본질은 같다

인간이여, 너는 이 거대한 우주라는 국가의 시민이었다. 그 삶이 5년이든 100년이든, 그 차이는 대체 무슨 의미가 있는 가? 우주의 법 아래에서는 모든 이가 동등하게 대우받는다. 이 제 너를 이 우주라는 국가에서 떠나게 하는 것도 폭군이나 부 당한 재판관이 아니라, 너를 이 세상에 데려온 그 "자연"이라 면, 무엇이 고통스러운가?

이 일은 마치 연출자가 배우를 무대에서 끌어내리는 것과 같다. 너는 이렇게 말할지도 모른다. "하지만 저는 5막 중 3막 밖에 연기하지 못했습니다."라고 말할 수도 있다. 그러나 자연 은 이렇게 답할 것이다. "그래도 괜찮다. 인생에서는 단 3막만 으로도 완전한 드라마가 될 수 있다."

그러므로 마음을 평온히 하라. 너를 이 세상에서 떠나게 하 는 존재 또한 평온하며, 네가 남긴 삶에 대해 만족하고 있다. 그러니 너도 그 평온과 만족을 받아들이라.

(12-36)

역은이 사토 켄이치

경영 컨설턴트. 1962년 교토부 출생. 히토츠바시 대학 사회학부에서 역사학을 전공하고, 미국 렌슬리어 공과대학(RPI)에서 MBA를 취득(전공은 기술경영). 은행과 광고 대행사 계열 컨설팅 회사 등을 거쳐 중소기업 제조업체에서 이사 겸 경영기획실장을 역임했다. 태국에서는 현지 법인을 설립하고 대표를 맡았다. 주요 저서로는 '간디 자서전 : 강하게 살라는 말', '초역 베이컨 : 지혜를 여는 말' 등이 있다.

마르쿠스 아우렐리우스의 말
초역 명상록

초판 1쇄 인쇄 2024년 11월 29일
초판 1쇄 발행 2024년 12월 15일

역은이	사토 켄이치
마케팅	㈜더북앤컴퍼니
펴낸곳	도서출판 THE 북
출판등록	2019년 2월 15일 제2019-000021호
주소	서울특별시 영등포구 양평로12가길 14 310호
전화	02-2069-0116
이메일	thebook-company@naver.com
ISBN	979-11-990195-0-8 (03160)

• 책값은 뒤표지에 있습니다.
• 잘못 만들어진 책은 구입하신 곳에서 교환해 드립니다.
• 이 책은 저작권법에 의하여 보호를 받는 저작물이므로, 무단 전재와 복제를 금합니다.